Vermögensaufbau mit Autopilot

WAS DU NICHT IN DER SCHULE LERNST

Sascha Clamer

IMPRESSUM

Copyright © 2018 Dipl.-Ing. (FH) Sascha Clamer
Systemanalytiker
info(at)clamer-creative.com

Cover Foto: Sebastian Schröer

1. Auflage Januar 2018

Verlag: Amazon Publishing
Amazon Services Europe S.à r.l.
5 Rue Plaetis

L-2338 Luxemburg

Alle Rechte vorbehalten. Dieses Werk ist in allen Teilen urheberrechtlich geschützt. Das Buch und Auszüge davon dürfen in keiner Form kopiert oder veröffentlicht werden.

ISBN:
9781976789243

WIDMUNG

Dieses Buch ist meiner lieben Familie gewidmet...

INHALT

VORWORT……………………………………….... 1

KAPITEL 1:
UMDENKEN………………………………….… 3

DIE RICHTIGE EINSTELLUNG………………... 3

FINANZIELLE UNABHÄNGIGKEIT………….. 5

UNTERNEHMER UND SELBSTSTÄNDIGER…. 8

PASSIVES EINKOMMEN……………………….... 9

SINN DES GELDES……………………………… 11

INFLATION UND DEFLATION………………... 12

SPAREN WAR GESTERN……………………….. 15

DISPOSITIONSKREDIT………………………… 16

ZWEI-KONTEN-MODELL……………………… 17

KAPITEL 2:
SPAREN OHNE STRESS………………………. 19

COFFEE TO GO MIT BRÖTCHEN FÜR UNTERWEGS………………………………...	19
ENERGIEKOSTEN OPTIMIEREN……………..	20
VERGLEICHSPORTALE………………………….	22
VERSICHERUNGEN FÜR DIE KATZ…………..	24
GESETZLICHE KRANKENKASSEN…………….	28
DIE KÜCHENSTUDIE………………………….	30
À LA CARTE AUF DER ARBEITSSTELLE……...	32
WAS IM SCHLAFZIMMER GEHT……………….	33
VIEL POTENTIAL IM BAD……………………….	34
FAHREN UND SPAREN………………………….	35
SCHLEICHENDE STROMVERBRAUCHER…….	38
SCHULDEN TILGEN……………………………..	40
KONSUMKREDITE VERMEIDEN……………...	41
VERKAUFEN STATT ENTSORGEN……………	42
NEU UND GEBRAUCHT………………………...	43

AKKUS UND BATTERIEN...........................	45
ENERGIESPARLAMPE HOCH ZWEI...............	46
FREIE BETRIEBSSYSTEME UND SOFTWARE...	47
FEST- UND MOBILFUNKNETZVERTRAG.......	48
SCHLAU EINKAUFEN...............................	50
GLÜCKSSPIELE.......................................	52
REICHER ODER RAUCHER?.......................	53
KAPITEL 3: **GRUNDWISSEN DES INVESTIERENS**.........	54
ZINS UND ZINSESZINS..............................	54
DIE RICHTIGE BANK................................	56
DER INVESTOR.......................................	57
DIE DIVIDENDE......................................	58
INVESTIEREN UND SPEKULIEREN...............	59
GELD- UND SACHWERTE..........................	60

AKTIEN, BÖRSEN UND BROKER……………...	61
WERTPAPIERE…………………………………	63
ANLEIHEN……………………………………...	65
SONDERVERMÖGEN……………………………	65
WKN UND ISIN………………………………...	66
DIVERSIFIKATION UND ASSET ALLOCATION…………………………………	66
TRANSAKTIONSKOSTEN………………………	68
DEUTSCHER AKTIENINDEX (DAX)………...	69
BID, ASK UND SPREAD………………………	70
DIE VOLATILITÄT………………………………	72
DIE LIQUIDITÄT…………………………………	73
INVESTMENTFONDS……………………………	73
ETF (EXCHANGE TRADED FUND)……………	76
BULLEN- UND BÄRENMARKT…………………	78
GESETZLICHE EINLAGENSICHERUNG……...	79

DURCHSCHNITTSKOSTEN-EFFEKT………….. 80

DER WERTPAPIERSPARPLAN………………….. 81

ABGELTUNGSSTEUER UND
FREISTELLUNGSAUFTRAG……………………….. 82

PHYSISCHES GOLD ALS SICHERER HAFEN?... 84

MORALISCHE BEDENKEN……………………... 86

PASSIVES- UND AKTIVES INVESTIEREN……. 87

REGRESSIONSEFFEKT
(REGRESSION ZUR MITTE)……………………….. 89

P2P-KREDITE……………………………………….. 91

**KAPITEL 4:
INVESTIEREN MIT AUTOPILOT……………** 96

VORBEREITUNGEN TREFFEN………………... 96

DAUER- UND
FREISTELLUNGSAUFTRAG………………...…… 97

ETF ALS WERTPAPIERSPARPLAN
EINRICHTEN…………………………………………... 98

INVESTIEREN IN P2P-KREDITE………………. 104

DANKBAR SEIN…..……………….....………..……. 107

RECHTLICHES…..………………..……………... 108

VORWORT

Wer Vermögen aufbauen möchte, benötigt dafür zunächst einmal etwas Geld. Kapital, auf das verzichtet werden kann, um es dann gewinnbringend investieren zu können. Aber woher nehmen? Die Antwort ist simpel. Sparen! Geht nicht? Doch, das geht. Dieses Buch zeigt viele Möglichkeiten auf, welche in Summe eben doch das so wichtige Restgeld am Monatsende einbringen werden. Dabei wird viel Wert darauf gelegt, durch einfache Änderung von Gewohnheiten ein Spareffekt eintreten zu lassen, ohne eine ernsthafte Anstrengung gemacht zu haben oder gar das Gefühl von Verzicht aufkommt.

Viele Sparideen sind so simpel wie effektiv und jeder kann sie langfristig und dauerhaft anwenden, um davon zu profitieren. Bei einigen Ratschlägen ist es verwunderlich, nicht selbst schon auf diese Gedanken gekommen zu sein, manchmal bedarf es einfach einem kleinen Hinweis. Es können auch weiterhin Markenprodukte verwendet werden und man muss auch keine leeren Creme-Packungen zerschneiden, nur um an die letzte Portion zu gelangen. Zudem wird das nervige Haushaltsbuch ganz weit beiseite gelegt. Die kostbare Zeit für das Ausfüllen eines Haushaltsbuchs, das Sammeln von Quittungen oder gar die Nutzung von Apps zum Erfassen von täglichen Ausgaben, sind an anderer Stelle viel wirksamer einsetzbar. Hier geht es um einfach zu erlernende Gewohnheiten, Rituale und Finanzoptimierungen, die das nötige zusätzliche Kapital für Investitionen einbringen werden. Nimm Dir einige Tipps aus diesem Buch zu Herzen und Du wirst ohne Stress am Ende des Monats eine Summe X übrig behalten.

Was passiert nun mit dem Ersparten? Man wollte doch schon immer… Eigentlich ist es doch jetzt an der Zeit, sich mal etwas Schönes… Als kleine Belohnung hole ich mir… Nein, Du investierst es in den Vermögensaufbau. Regelmäßig und in kleinen Schritten wird dabei das Vermögen Monat für Monat weiter wachsen. Es kommt nicht darauf an, eine möglichst große Geldsumme auf einmal zu investieren, wie viele Menschen meinen. Viel wichtiger ist es, so früh wie möglich mit der praktischen Umsetzung zu beginnen und überhaupt erst einmal tätig zu werden. Der Zinseszins wird dabei, selbst bei einer kleinen Summe X, der stärkste Verbündete sein. Einen Überblick über eine Reihe von Investitionsmöglichkeiten, welche den Schwerpunkt auf Sicherheit legen und über Anlagearten, die ein erhöhtes Risiko, aber auch höhere Renditen aufweisen, werden hier vorgestellt. Welcher Risikotyp Du bist, hängt von vielen Faktoren ab. Ist man eher der bedachtsame Anleger, der Wagemutige oder eine Mischung von beiden? Rendite und Risiko gehören dabei immer unzertrennbar zusammen. Wie jeder von einer hohen Rendite profitiert, den Zinseszins-Effekt nutzt, das Risiko durch Risikoverteilung minimiert, den Investitionsprozess automatisiert und langfristig ein Vermögen aufbaut, ohne wertvolle Lebenszeit gegen Geld eintauschen zu müssen, verrät dieses Buch.

KAPITEL 1: UMDENKEN

DIE RICHTIGE EINSTELLUNG

Sich mit seinen Finanzen, mit Sparen und Investieren zu beschäftigen, bildet bereits den Grundstein für den erfolgreichen Start, ein Vermögen aufbauen zu können. Viele verfehlen dieses Ziel, weil sie sich nicht mit Geld und Vermögensaufbau beschäftigen wollen. Sie können bzw. wollen es nicht, sehen es als nervig an oder finden es sogar verwerflich. Gerade darin sollte man aber die Herausforderung sehen, nicht der Masse hinterher zu laufen, sondern weiter in sich und in seine Zukunft zu investieren.

Die meisten Menschen denken leider viel zu kurzfristig und leben von der Hand in den Mund. Heute verdient und morgen ausgegeben. Eine wichtige Überlegung und Strategie ist es aber, langfristig zu denken und sich große Ziele zu setzen. Je größer dabei das gesteckte Ziel ist, desto kleiner werden die Probleme, die auf dem Weg dorthin auftauchen werden. Sich dieses Ziel als einen riesigen Berg vorzustellen, dem man sich nähert, kann diesen Gedanken verdeutlichen. Versperren Hindernisse den Weg dorthin, ist der Berg immer noch zu sehen. Das soll die Motivation aufrecht erhalten, sein Ziel nicht aus den Augen zu verlieren, solange der Berg nur groß genug ist. Neue Herausforderungen, Schereien oder Stress sind dann einfach zu klein um die Sicht vollständig versperren zu können.

Schon alle Ziele im Leben erreicht? Das könnte eventuell daran liegen, sie nicht hoch genug angesetzt zu haben. Sich in naher Zukunft einen neuen TV ersparen zu können ist nicht unbedingt ein großes Ziel. Ist es aber bedeutsam genug, wird man feststellen, dass sich langfristig das eigene Verhalten als Konsument verändern wird. Wenn die Versuchung groß ist Geld auszugeben, wird einem unbewusst das Ziel vor Augen geführt und so gehandelt, dass sich der Weg zum Berg verkürzen wird. Das Unterbewusstsein wird zukünftige Kauf-, Spar-, und Investitionsentscheidungen beeinflussen. Probiere es aus und setze Dir ein großes Ziel!

FINANZIELLE UNABHÄNGIGKEIT

Was bedeutet finanzielle Unabhängigkeit für Dich? Nicht mehr finanziell abhängig zu sein von seinem Job, den Eltern, dem Lebenspartner? Keine Angst mehr zu haben, den Arbeitsplatz und somit die einzige Einnahmequelle zu verlieren? Furcht, die Schulden nicht mehr zurückzahlen zu können, oder gar Privatinsolvenz anmelden zu müssen?

Es wäre wohl erstrebenswert, diesen Ängsten und Sorgen etwas entgegen zu wirken. Nur noch die Dinge im Leben angehen, welche wirklich Spaß machen oder vielleicht längst überfällige Reisen zu unternehmen. Eine neue Sprache erlernen oder selbst ein Buch schreiben. Es gibt Kinder, mit denen Du endlich mehr Zeit verbringen kannst oder einfach die Gewissheit zu haben, dass es sorglos weiter in die Zukunft gehen kann. Wie könnte man dieser Vorstellung etwas näher kommen?

Was passiert eigentlich, wenn viele Menschen morgens auf dem Weg zur Arbeit im Stau stehen, ihren Acht-Stunden-Job erledigen und sich wieder in den Stau stellen? Oder die Selbstständigen, die 'selbst' und 'ständig' arbeiten und den Acht-Stunden-Job eher als eine Halbtagsstelle ansehen? Was passiert also? Alle tauschen ihre unwiederbringliche Lebenszeit gegen Geld ein! Das ist der entscheidende Punkt und genau den sollte man ändern, um Vermögen aufzubauen und der finanziellen Unabhängigkeit zumindest ein Stück näher zu kommen.

Es fängt damit an, sich Gedanken zu machen. Du liest dieses Buch. Das heißt, Du hast Dir bereits Gedanken gemacht und somit schon den ersten Schritt in Richtung finanzielle

Unabhängigkeit getan. Jeder Weg beginnt immer zuerst mit dem ersten Schritt. Der entscheidende Grundgedanke ist, auf kurz oder lang die Seiten zu wechseln. Nicht seine Lebenszeit gegen Geld zu tauschen, sondern ein funktionierendes System zu erschaffen, welches regelmäßiges Einkommen generiert. Dieses Einkommen dann sinnvoll anzulegen, um weitere Erträge für den Vermögensaufbau zu erwirtschaften, sollte das Ziel sein. Werde vom Angestellten oder Selbstständigen zum Unternehmer und/oder Investor. Damit kann ein regelmäßiges, passives Einkommen geschaffen werden, ohne dass aktiv gearbeitet wird oder die Anwesenheit vor Ort beim Kunden oder Geschäftspartner von Nöten wäre. Wenn genug passives Einkommen erzielt wird, um damit die monatlichen Fixkosten wie Miete, Versicherung, Telefon, Auto, Benzin etc. decken zu können, ist die Zielflagge bereits zum Greifen nah. Seinen Hauptjob jetzt einfach zu kündigen, wäre natürlich fatal. Aber es ist zunächst auch gar nicht nötig, das zu tun. Viel wichtiger ist das persönliche Gedankenspiel, sich erst einmal bewusst zu werden, dass es auch andere Wege gibt, seinen Lebensunterhalt zu bestreiten als der, den uns die Gesellschaft schon in der Schule vorgeben möchte. Eine fleißige Gruppe von Lemmingen, die alle brav das Gleiche tun. Sind es die Arbeiter und Angestellten, denen es generell finanziell besser geht, oder sind es doch eher die Unternehmer und Querdenker? Das Gehalt bei Angestellten ist, neben einer ungünstigen Versteuerung, schlicht gedeckelt. Nach oben hin, ist bis auf ein paar Überstunden, nicht viel zu holen. Der Unternehmer und auch der Investor hingegen haben keinerlei Grenzen nach oben. Die sogenannten Reichen, sind das Unternehmer oder Angestellte? Manchmal werden einem Sachen bewusst, wenn einfach beobachtet und darüber nachgedacht wird. Mitunter erkennt man spät, wie die Welt eigentlich funktioniert.

Was wäre, wenn ein etwas gehobener Lifestyle immer noch

aus dem passiven Einkommen finanziert werden kann? Wenn trotz hoher monatlicher Ausgaben noch etwas übrig bleibt? Das könnte dann eine Steigerung hin zur finanziellen 'Freiheit' bedeuten. So zu leben wie es für jemanden persönlich wünschenswert erscheint, ohne dabei an das finanzielle Überleben oder an monatliche Ausgaben und Kosten einen Gedanken verschwenden zu müssen.

Dabei geht es gar nicht um Reichtum, sondern um Freiheit und Unabhängigkeit. Man ist unabhängig darin, einen Job zu machen, oder einen Kunden auch mal abzulehnen. Einfach nur weil es keinen Spaß macht, mit diesem zu arbeiten, oder weil man es kann und so für sich entschieden hat. Arbeiten ja, aber bitte nicht so lange? Super, dann eben nur noch halbtags. Werte schaffen ab Punkt 07:00 Uhr oder lieber erst einmal ausschlafen können? Wie wäre es, ortsunabhängig produktiv zu sein? Vielleicht dort, wo die Sonne des Öfteren scheint und wo für Dich ein optimales Klima bzw. Umfeld existiert? Eventuell ein Ehrenamt übernehmen, sich einbringen und die Welt ein bisschen besser machen. Das Erreichen der finanziellen Unabhängigkeit, bringt die Möglichkeit zur freien Entfaltung und kann die Lebensqualität steigern.

Von heute auf morgen erfolgreich zu sein, wie es in manchen Zeitungsschlagzeilen immer wieder zu lesen ist, gehört eher in das Reich der Mythen. Viele erfolgreiche Menschen haben einen langen und steinigen Weg mit vielen Tiefschlägen hinter sich. Sie haben viel Zeit und Arbeit in ihren Erfolg investiert. In den Nachrichten wird davon aber nichts erwähnt. Diese Fakten scheinen uninteressant für den Leser und sorgen weder für Schlagzeilen noch für Absatzzahlen. Es gibt kein lukratives System, welches einem geschenkt wird. Auch über Nacht erfolgreich zu werden, ist nichts weiter als Träumerei. Ein Lottogewinn hat nichts mit Erfolg, sondern vielmehr mit

Glück zu tun. Obwohl viele Lottogewinner mit der Geldsumme überfordert sind und eben nicht glücklicher leben. Es ist wichtig Eigenverantwortung zu übernehmen und aktiv am langfristigen Erfolg zu arbeiten. Geschenkt bekommst Du ihn nicht.

UNTERNEHMER UND SELBSTSTÄNDIGER

Ist das nicht das Gleiche? Ganz und gar nicht. Der Unternehmer versucht ein funktionierendes System aufzubauen, welches einmal eingerichtet regelmäßige Erträge erzielt. Ein gutes Beispiel dafür sind Betreiber von Photovoltaik-Anlagen. Einmal geplant und installiert läuft das System und erwirtschaftet Erträge, ohne dass der Unternehmer selbst nennenswert eingreifen oder vor Ort sein muss.

Der Selbstständige übernimmt, wie der Name schon sagt, alle anfallenden Arbeiten selbst. Er ist derjenige, welcher dem Unternehmer die Photovoltaik-Anlage auf sein Hausdach montiert. Ist der Selbstständige nicht selbst ständig tätig, so kann sein Betrieb nicht auf Dauer weiter existieren. Er erwirtschaftet sozusagen alle Gewinne mit der eigenen Hand. Er trägt zudem ein zusätzliches Risiko, da sich im Krankheitsfall keine Gewinne erwirtschaften lassen und er Gefahr läuft, bei Nichterfüllung seiner Aufträge, seine Kundschaft und somit auch seine Existenz zu verlieren. Er kann versuchen Mitarbeiter einzustellen, um sämtliche anfallenden Arbeiten abzugeben. Damit würde dann auch er den Sprung vom Selbstständigen zum Unternehmer vollziehen.

PASSIVES EINKOMMEN

Es ist eine gute Überlegung, sich selbst eine Quelle für passives Einkommen zu schaffen. Werde zum Unternehmer und erstelle ein System, in welches einmalig Planung, Arbeitszeit und gegebenenfalls Kapital investiert wird, um zukünftige Einnahmen zu erzeugen. Passives Einkommen ist nichts anderes, als ein regelmäßiger Zahlungseingang, der aufgrund des angestoßenen Systems fortwährend oder zumindest über einen längeren Zeitraum anhält und so Geld in die Kasse spült. Hier ein paar Ideen für den großen und kleinen Geldbeutel, um passives Einkommen generieren zu können:

Buch, E-Book oder Hörbuch erstellen und veröffentlichen
ein Produkt entwickeln und vermarkten (z.B. Kartenspiel)
Wertpapiere besitzen und Dividenden erhalten
eine Immobilie finanzieren und gleichzeitig Mieteinnahmen erwirtschaften
in eine Photovoltaik-Anlage investieren und den erzeugten Strom vergüten lassen
Geld in Privatkredite anlegen und Zinsen einnehmen
Bezahlte Werbung schalten auf eigener Webseite oder Blog
Eigene Fotografien über Stockfoto Agenturen anbieten
Musikstücke, Soundeffekte und Jingles produzieren für

zahlende Musikarchive
Provisionen von Verkaufsportalen bekommen, z.B. durch Affiliate Marketing Links
Verkauf von Mitgliedschaften eigener Online-Kurse

SINN DES GELDES

Geld ist ein vom Staat zugelassenes Zahlungsmittel und wird zum Handeln von Produkten, Dienstleistungen oder auch Zeit verwendet. Das Geld fungiert dabei als ein Tauschmittel. Die Waren könnten doch auch direkt getauscht werden? Wofür wird dann noch das Geld benötigt? Ein kleines Beispiel: Der Bäckermeister möchte mit dem Nachbarbauern sein Brot gegen etwas Getreide tauschen. Prinzipiell kein Problem, aber der liebe Bauer ist zur Zeit knapp mit Getreide. Jetzt kommt das Geld ins Spiel. Er kann dem Bauern nun trotzdem sein Brot geben und erhält dafür den Gegenwert in Form des Geldbetrages. Mit diesem Betrag bekommt er bei einem anderen Bauern sein Getreide und der Nachbar erhält, obwohl er kein Getreide anbieten konnte, sein Brot.

Ob ein Brot gleich dem Wert von einem oder zwei Sack Getreide ist, entscheiden Angebot und Nachfrage. So entsteht der Preis einer gehandelten Ware. Hier entdeckt man einen weiteren Vorteil von Geld. Durch dessen Verwendung lassen sich kleinste Einheiten einer bestimmten Ware tauschen. Ein halbes Ei oder ein Viertel Huhn gegen ein Drittel Brot, wären als Tausch für alle Beteiligten nicht gerade von Vorteil. Das eigene Brot in Scheiben zu schneiden und abzuschätzen, wie viel ein Viertel Huhn in Brotscheiben Wert ist, wäre ebenso unpraktikabel. Was soll der Bäcker mit den Brotresten anfangen, wenn er sie nicht mehr eingetauscht bekommt und es verschimmelt?

Geld macht unabhängig vom Produkt, vom Ort und der Zeit und hat dabei die Funktion der Wertaufbewahrung. An dieser Stelle darf natürlich nicht die Inflation vergessen werden zu erwähnen, welche im Laufe der Zeit am Wert des Geldes nagt.

Geld spiegelt also den Wert der gehandelten Ware, der Zeit oder Dienstleistung wider und ermöglicht über den Preis den Handel. Dazu muss nichts abgewogen, zerschnitten oder geschätzt werden. Vielmehr wird es einfach gezählt.

INFLATION UND DEFLATION

Die Inflation ist gleichbedeutend mit einer fortdauernden Geldentwertung. Wenn sich auf dem Bankkonto 1000,- Euro Guthaben befinden, dann verliert dieses Geld bei 2% Inflation nach 10 Jahren 166,25 Euro an Kaufkraft. Von den tausend Euro bleiben 833,75 Euro an Wert übrig. Natürlich verändert sich die Zahl 1000 als Summe auf dem Konto nicht. Die Kaufkraft dieser tausend Euro würde aber einem heutigen Wert von lediglich 833,75 Euro entsprechen, mit dem man viel weniger Waren oder Dienstleistungen bekommen kann. Dieser vermögensvernichtende Dauerzustand ist den meisten Menschen überhaupt nicht bewusst, weil er auch nicht direkt sichtbar ist. Wenn sich Dein Geld vermehren soll und gewinnbringend mit 2% Rendite angelegt wird, so vermehrt es sich nicht, sondern erhält nur seinen Geldwert. Liegt das Renditeziel sogar unter 2%, wie das aktuell bei vielen Geldanlagen (Tagesgeld, Festgeld, Sparbuch, Lebensversicherung, Bausparvertrag etc.) der Fall ist, wird durch die Inflation fortwährend Geld verbrannt. Obwohl die angezeigte Summe auf dem Konto Jahr für Jahr steigt, verringert sich bei den o.g. Anlagen der Wert des Kapitals. Um Vermögen aufzubauen, muss zwangsläufig eine Rendite erwirtschaftet werden, die größer als die aktuelle Inflationsrate ist. Solltest Du hingegen Schulden haben, ist an dieser Stelle die Inflation auf Deiner Seite, denn auch der Wert der

Verbindlichkeiten verringert sich um die Höhe der Inflationsrate. Die Inflation entsteht, wenn der Wert von Produkten und Dienstleistungen im Verhältnis zur Geldmenge steigt. Einfach gesagt, wenn die Preise steigen, bekommt man weniger für sein Geld.

Das Gegenteil der Inflation ist die Deflation. Durch Steigerung der Produktivität in den Unternehmen, z.B. durch den Einsatz von Maschinen, können die Preise am Markt sinken. Artikel werden günstiger angeboten und die Preise fallen. Nachteil ist, die Verbraucher werden mit neuen Anschaffungen warten, in der Hoffnung, dass Waren und Dienstleistungen in naher Zukunft noch günstiger werden. Die Folge ist, es wird nicht oder nur wenig konsumiert und die gesamte Wirtschaft schrumpft. Unternehmen können weniger verkaufen und fahren die Produktion herunter. Es müssen Arbeitnehmer entlassen werden, da nicht genügend Absatz stattfindet und es somit nicht genug Arbeit für alle Angestellten gibt. Ein Teufelskreislauf beginnt. Die entlassenen Arbeitnehmer haben nicht genug Geld zum Konsumieren und belasten als Folge daraus durch ihre Arbeitslosigkeit sich selbst, die Wirtschaft und den gesamten Staat. Auch Investoren warten ab, in der Hoffnung in Zukunft noch günstiger in ein Geschäft einsteigen zu können. Die Kaufkraft des Geldes nimmt dabei aber zu.

Um nun eine gesunde Balance zwischen Inflation und Deflation zu gewährleisten, beobachtet die EZB (Europäische Zentralbank mit Sitz in Frankfurt a.M.) die Preisstabilität und das Wirtschaftswachstum. Sie ist daran interessiert, die Inflationsrate im Idealfall unter 2% gegenüber dem Vorjahr zu halten. Sie prüft, ob die Preise im Verhältnis zum vergangenem Jahr sinken oder steigen und ob es bereits Anzeichen einer Deflation gibt.

Die EZB kann durch Erhöhung oder Senkung des Leitzinses, Einfluss auf die im Umlauf befindliche Geldmenge nehmen. Wie das? Geld entsteht, wenn bei der Bank ein Kredit aufgenommen wird. Wieviel der Bank für diesen Kredit an Zinsen gezahlt werden muss, hängt stark von der Höhe des Leitzinses ab. Wenn die Bank einen Kredit vergibt, so leiht sie sich das Kapital von der EZB. Dabei zahlt sie den von der EZB vorgegebenen Leitzins, welche sie an den Kreditnehmer mit einem Aufschlag weiter gibt. Ist der Leitzins niedrig, können viele Menschen einen Kredit in Anspruch nehmen und die umlaufende Geldmenge steigt. Wenn hingegen die Zinsen steigen, können nur wenige Menschen einen Kredit aufnehmen, weil die monatliche Zins-Belastung für viele zu hoch für das eigene Einkommen ist. Das Geld wird somit teurer. Wenn die Zinsen hoch sind, ist dies ein guter Zeitpunkt um zu sparen, aber ein schlechter Zeitpunkt für die Aufnahme eines Krediets.

SPAREN WAR GESTERN

Es gibt keine Zinsen mehr auf dem Sparkonto und die Inflation macht keine Pause. Was aber ist die Alternative zum Sparen? Das Geld schnell wieder in Dinge stecken, welche eigentlich gar nicht benötigt werden? Geld für unerwartete Lebenssituationen zur Seite zu legen, macht hingegen immer Sinn. Egal ob es wenig, viel oder gar keine Zinsen dafür gibt. Finanzielle Reserven aufgebaut zu haben, ist bereits Grund genug für die Entscheidung, etwas zur Seite zu legen.

Sparen bedeutet Verzicht? Nicht unbedingt. Du willst heute leben? Ja schon, aber morgen nicht mehr? Durch die steigende Lebenserwartung kann man, selbst bei Erreichen der Altersrentenzeit, noch ein langes Leben vor sich haben. Spätestens dann macht es sich bemerkbar, wie wichtig das Sparen in der Vergangenheit gewesen ist. Dass man schon viel zu alt oder noch zu jung zum Sparen ist, scheinen alles Ausreden zu sein, um eben nicht sparen zu müssen. Erfolgreiche Menschen suchen ständig Wege um neuen Herausforderungen zu begegnen. Erfolglose hingegen sind stets auf der Suche nach irgendwelchen Gründen. Diese finden sich dann schnell bei anderen Menschen oder sind scheinbar ausgelöst durch gewisse Umstände im Umfeld. Nie aber bei sich selbst. Achte einmal während eines Gespräches darauf, ob Ideen und Lösungen eingebracht werden, oder nach Ausreden und Gründen gesucht wird.

DISPOSITIONSKREDIT

Wer ein Girokonto besitzt, hat mit seiner Bank vielleicht vereinbart, es bis zu einer bestimmten Summe überziehen zu dürfen. Kommt das Konto in den Minusbereich, befindest Du Dich auch schon mitten im Dispositionskredit. Es kann durchaus hilfreich sein, wenn eine Überziehungsmöglichkeit mit der Bank vereinbart wurde. So hat man trotz fehlendem Guthaben die Möglichkeit, Rechnungen zu begleichen und Einzugsermächtigungen ausführen zu lassen. Wurde hingegen kein Dispositionskredit verabredet und es kommt die Situation, dass ein Gläubiger von der Hausbank die Nachricht erhält, dass sein Geld nicht vom Konto abgebucht werden konnte, verursacht das unnötige Kosten und ärgerlichen Schriftverkehr mit der Bank und dem Gläubiger. Im schlimmsten Fall kann es sogar zu Schufa-Einträgen (Schutzgemeinschaft für allgemeine Kreditsicherung) kommen.

Man muss sich auch bewusst sein, dass die Inanspruchnahme des Dispositionskredites das Schädlichste ist, was man sich beim Vermögensaufbau antun kann. 11% Überziehungszinsen und mehr sind keine Seltenheit. Gewöhnen sollte man sich auf keinen Fall daran, regelmäßig seinen Dispo in Anspruch zu nehmen. Besser ist es, diese Art des Kredites als eine Art Versicherung in der Not anzusehen. Wenn es sich gar nicht mehr aus den roten Zahlen kommen lässt, sollte die Überlegung angestellt werden, umzuschulden und einen weiteren Kredit aufzunehmen. Mit diesem sollte der teure Dispositionskredit umgehend wieder ausgeglichen werden. Das wird in der Regel immer günstiger sein. Gleichzeitig sollte man sich fragen, warum es überhaupt zu der Überziehung gekommen ist und wie es sich in Zukunft vermeiden lässt, in die roten Zahlen zu rutschen.

ZWEI-KONTEN-MODELL

Der Sinn und Zweck, zwei Konten zu führen ist psychologischer Natur und kann beim Vermögensaufbau helfen. Denn was passiert, wenn am Anfang des Monats das frische Guthaben auf dem Konto zu sehen ist? Die Freude ist groß, man sieht die Summe und instinktiv wird im laufenden Monat auch genau diese Summe oder sogar mehr ausgegeben. Und was bleibt übrig? Wieder zu viel Monat und zu wenig Geld. Dabei hatte man sich doch fest vorgenommen, dieses Mal etwas zur Seite zu legen.

Jetzt kommt das zweite Konto ins Spiel. Neben dem Girokonto wird ein kostenloses Tagesgeldkonto eingerichtet. Das Angebot ist groß und viele Anbieter verlangen keinerlei Gebühren dafür. Außerdem ist das Geld täglich verfügbar, falls es gerade benötigt werden sollte. Ab dem nächsten Monat wird dann ein Dauerauftrag mit der Summe X angelegt, welche zu verkraften ist und nicht weh tut. Diese Summe wird jetzt regelmäßig zum Monatsanfang auf das Tagesgeldkonto überwiesen. Es steht also gar nicht erst zum Ausgeben zur Verfügung und wenn die Summe nicht zu groß gewählt wurde, wird sie auch nicht weiter vermisst werden und es tritt Gewohnheit ein.

Wurde der Dauerauftrag ein wenig zu optimistisch in der Höhe gewählt, kann und sollte der Überweisungsbetrag etwas gesenkt werden. So tastet man sich an den persönlichen Betrag heran. Wenn einige Tipps in diesem Buch beherzigt werden, wird eine Summe X für das Tagesgeldkonto zur Verfügung stehen. Demzufolge entsteht ein sicheres Finanzpolster für eventuelle Reparaturen oder Ersatzbeschaffungen und es wird darauf verzichtet, im Notfall den viel zu teuren Dispositionskredit in Anspruch zu nehmen. Wird jetzt unerwartet eine größere Summe benötigt, so überweist man vom Tagesgeldkonto einen Teil des Geldpuffers zurück auf das Girokonto und hat keinerlei Finanznöte. Ein netter Nebeneffekt sind die Guthabenzinsen beim Tagesgeld, die zumindest noch im Bereich größer Null liegen. Das Girokonto wird in den meisten Fällen nicht von der Bank verzinst.

KAPITEL 2: SPAREN OHNE STRESS

COFFEE TO GO MIT BRÖTCHEN FÜR UNTERWEGS

Eine super Erfindung dieses Coffee to go und dazu noch schnell ein fertig belegtes Brötchen für unterwegs. Es geht fix, man hat keine Arbeit und 3,50 Euro ist doch ein super Angebot. Ist es nicht! Es schadet vehement dem Vermögensaufbau und Du solltest immer langfristig denken. Bei 3,50 Euro pro Snack mit Kaffee mal 21 Arbeitstagen, sind das 73,50 Euro im Monat. Auf das Jahr gerechnet summieren sich so stolze 882,00 Euro!

Die Alternative ist denkbar einfach. Kaffee zu Hause kochen und in eigener Thermoskanne mitnehmen. Dazu das selbst geschmierte Brötchen in die Brotdose und wieder ist ein weiterer Schritt zum Vermögensaufbau getan. Schöner Nebeneffekt: Es kann auf den Pappbecher, Milch- und Zuckerverpackung, Plastiklöffel, Tüte, Pappteller mit Serviette verzichtet werden. Die Umwelt wird durch die Müllvermeidung geschont. Trifft man beim Brötchenkauf im Laden regelmäßig Freunde, Bekannte, Kollegen oder Geschäftspartner, dann könnte der tägliche Kaffee natürlich eine Investition in das eigene soziale Umfeld sein. Es hilft aber dennoch, wenn wenigstens hin und wieder der hausgemachte Kaffee bevorzugt wird.

ENERGIEKOSTEN OPTIMIEREN

Beim Kauf neuer Haushaltsgeräte wie Waschmaschine, Kühlschrank oder Staubsauger, schaut man am besten zunächst auf das Energielabel, welches Auskunft über den Energieverbrauch des Gerätes gibt. Damit sind viele Anbieter schon einmal aus dem Rennen und die Kaufentscheidung fällt leichter.

Bei Beutelstaubsaugern sind die laufenden Kosten, durch den ständigen Nachkauf der Beutel, viel höher als bei Beutellosen. Es empfiehlt sich demnach, Ausschau nach beutellosen Staubsaugern zu halten.

Das Gleiche gilt für neue Kaffeemaschinen. Diese gibt es mit einem sehr feinen Metallsieb, dass beim täglichen Kaffee kochen die Filtertüte überflüssig macht.

Dann wäre da noch Robbi. Robbi? Gemeint sind beutellose Saugroboter. Diese surren durch die Wohnung und machen ihre Arbeit mittlerweile mehr als gut. Dabei sind sie so flach gebaut, dass sie selbst unter Möbeln reinigen, wo mit dem normalen Staubsauger gar nicht oder nur schwer hinzukommen ist. Saugroboter in der Preisklasse ab ca. 250 Euro, lassen sich auch gerne einen Zeitplan einprogrammieren. Sie können sauber machen, wenn Du gerade einkaufen bist und fahren zum Schluss selbstständig an die Ladestation, um sich aufzuladen. Der kleine Putzer spart also nicht nur Arbeit und Zeit, sondern auch jede Menge Kilowattstunden an Strom. Denn ein handelsüblicher Staubsauger verbraucht im laufenden Betrieb um die 1000 Watt. Der kleine Roboter hingegen läuft mit einem 30 Watt Akku. Seine Anschaffungskosten erwirtschaftet er bei normaler Laufzeit demnach im Handumdrehen über den nicht verbrauchten Strom selbstständig. Hat man sich erst einmal an Robbi gewöhnt, möchte man niemals mehr auf den kleinen Helfer verzichten wollen.

Solange es keinen Durchlauferhitzer im eigenen Wohnraum gibt, sollte der Geschirrspüler am Warmwasseranschluss betrieben werden. Wieso das? Läuft kaltes Wasser in den Geschirrspüler, muss es mit Hilfe von Strom zunächst erhitzt werden. Nichts ist aber teurer als mit Strom Wärme zu erzeugen. Kommt das warme Wasser also aus einem Speicher, wobei es egal ist, ob die Energie von Fernwärme, Gas- oder Ölbrenner kommt, wird bei jedem Waschgang Bares gespart. Wem jetzt auch die Waschmaschine in den Sinn kommt, sollte vorsichtig sein. Ist das Wasser zu heiß, passt kein Hemd mehr und im schlimmsten Fall leidet die Waschmaschine. Es gibt Temperaturregler für solche Fälle, doch der Aufwand für Anschaffung plus die fachgerechte Installation könnten dafür übertrieben sein.

Moderne Waschmaschinen und Waschmittel erlauben es bei niedrigen Temperaturen die Wäsche ebenfalls rein zu bekommen, Pflanzen können abends gegossen werden, dadurch verdunstet weniger Wasser und das geliebte Grün gibt sich mit weniger Nässe zufrieden. Wenn im Winter in den Zimmern die Heizung um nur ein Grad herunter geregelt wird, bedeutet das im Jahr eine Reduzierung der Heizkosten um ca. 6 Prozent. Die Nachbarn heizen mit Öl? Dann würde sich eine Sammelbestellung anbieten. Einfach versuchen, einen Mengenrabatt beim Lieferanten auszuhandeln. Fragen kostet nichts.

Besser Stoßlüften, als die Fenster in Kippstellung zu parken. Dadurch wird die feuchte Luft in den Räumen getauscht und der Raum kühlt nicht aus. Außenrollläden isolieren im Winter viel besser vor Kälte, als Innenrollos oder Vorhänge.

Der hauseigene Internet-Router kann mit Zeitschaltuhr oder mit interner Programmierfunktion so betrieben werden, dass über Nacht das WLAN deaktiviert wird. Die wenigsten nutzen, wenn sie schlafen oder nicht zu Hause sind, ihr Internet. Noch weniger wird die elektromagnetische Strahlung, welche vom WLAN-Router ausgeht, benötigt. Wie wäre es, das WLAN mit einem oder sogar mehreren Nachbarn zu teilen. Für einen besseren Empfang des WLAN-Signals, können günstige Repeater verwendet werden. Diese verstärken das Funksignal und erweitern so den Funktionsradius des Funknetzwerks. Da durch den Beschluss im Bundestag die Störerhaftung auch für Privatpersonen entfallen ist, wäre so ein Hotspot für die Nachbarn eine Überlegung wert. Als kleiner Wermutstropfen kann, bei illegalen Downloads, die Medienindustrie die Sperrung von bestimmten Internetseiten auf dem privaten Router verlangen. Eine Maßnahme, mit der sich leben lässt.

Wie sieht es mit den Energiepreisen aus? Bezahlst Du vielleicht im Moment viel zu viel dafür? Das lässt sich schnell mit Hilfe von Vergleichsportalen überprüfen.

VERGLEICHSPORTALE

Zahlst Du noch den Basistarif für Strom und Gas beim Grundversorger? Dann hast Du mit Vergleichsportalen ein mächtiges Werkzeug zur Hand, mit dem viele der monatlichen Kosten minimiert werden können. Vergleichsportale wie Verivox oder Check24 listen auf ihren Internetseiten mehrere

Anbieter von Waren, Dienstleistungen, Versicherungen, Energieversorgern, Hotels, Bankprodukten, Reisen, Telekommunikation und Mietfahrzeugen auf. Über diese Portale erhält man einen sofortigen Überblick über Kosten und Leistungstarife dieser Firmen und kann diese nach aufsteigenden Preisen sortieren lassen. So findet sich schnell z.B. ein günstiger Stromanbieter aus der Umgebung. Der neue Vertrag kann direkt online abgeschlossen werden.

In der Regel kündigt der neue Anbieter bei Einhaltung der Kündigungsfrist den alten Vertrag. Die Nutzung des Portals ist für jeden Interessenten kostenlos. Finanziert werden dortige Angebote durch die gelisteten Unternehmen. Diese zahlen dem Vergleichsportalanbieter bei einem Vertragsabschluss eine Provision.

Wurde ein günstigerer Stromanbieter als der Grundversorger gefunden, wird auch gleich der Gasversorger gewechselt, geprüft welche Bank die besten Konditionen bietet und der aktuelle Telefontarif abgelöst. Das größte Einsparpotential wird sich aber mit hoher Wahrscheinlichkeit im Bereich der Versicherungen finden. Viele Online-Versicherer können die angebotenen Leistungen viel günstiger an die Kunden weitergeben, da sie auf Filialen und Berater verzichten. Der Preisunterschied kann dadurch mehrere Hundert Euro im Jahr ausmachen! Bedenken sollte man aber, dass im Schadensfall kein direkter Ansprechpartner vor Ort sein kann und alle Angelegenheiten online oder per Telefon geregelt werden müssen. Ob diese Einschränkung ein großer Nachteil ist oder lieber das Sparschwein gefüttert werden möchte, hängt natürlich vom persönlichem Empfinden ab. Das Einsparpotential kann durch den Wechsel durchaus 50% der aktuellen Beiträge ausmachen und sollte daher auf jeden Fall eine Überprüfung wert sein.

VERSICHERUNGEN FÜR DIE KATZ

Versicherungen sind natürlich elementar wichtig, weil sie im Ernstfall vor dem finanziellen Ruin schützen können. Was aber sollte unbedingt versichert werden und auf welche Versicherung kann oder sollte sogar verzichtet werden? Die Risiken im Leben, welche existensbedrohliche Ausmaße annehmen können, sollten logicherweise versichert sein. Ob selbstständig oder angestellt, seit 2009 herrscht in Deutschland die Krankenversicherungspflicht. Durch Unfall oder schwerer Erkrankung können die Behandlungskosten schnell in unbekannte Höhen steigen. Sie ist somit unverzichtbar wichtig.

Die Haftpflichtversicherung ist zwar noch keine Pflichtversicherung, ist aber im Prinzip genauso wichtig wie die Krankenversicherung. Wenn durch Deine Schuld andere Personen zu Schaden kommen und ärztlich betreut werden müssen, oder ein Unfall mit hohem Sachschaden verursacht wird, springt die Haftpflichtversicherung ein und übernimmt die verursachten Kosten.

Als dritten wichtigen Kandidaten ist die Berufsunfähigkeitsversicherung zu nennen. Sie sichert das monatliche Einkommen, falls durch Krankheit oder andere Umstände der Beruf nicht mehr ausgeübt werden kann. Es ist elementar wichtig, bei Abschluss einer Berufsunfähigkeitsversicherung, alle Fragen der Versicherung zur eigenen Krankengeschichte wahrheitsgemäß und vollständig zu beantworten. Im Leistungsfall kann die Versicherung ansonsten die Zahlungen komplett verweigern!

Ein Online-Abschluss ist in diesem Fall ausnahmsweise nicht ratsam. Vollständige und wahrheitsgetreue Angaben zu machen, ist auch unbedingt beim Abschluss einer Lebensversicherung zu beachten. Die beste Versicherung hilft im Schadensfall nicht, wenn ihr ein Grund gegeben wird, nicht zahlen zu müssen.

Du hast Kinder oder lebst nicht alleine? Dann ist auch eine Risikolebensversicherung sehr zu empfehlen. Denn im Todesfall ist der emotionale Schaden für die Verwandtschaft schon groß genug. Gerade in dieser Situation benötigen die Angehörigen nicht auch noch einen finanziellen Schaden. Dieser wird durch die Risikolebensversicherung gedeckt oder zumindest begrenzt.

Für den Urlaub im Ausland sollte eine Auslandskrankenversicherung abgeschlossen werden. Viele Leistungen der Krankenkassen werden zwar auch im EU-Ausland erbracht, aber gerät man in die Situation, einen medizinisch notwendigen Rücktransport in Anspruch nehmen zu müssen, kann es ganz schnell sehr teuer werden. Die Krankenkasse zahlt diesen Transport in den meisten Fällen nicht. Auch sind bestimmte Leistungen, die im Ausland bereits erbracht wurden, in Deutschland durch Behandlungspauschalen gedeckelt. Die Chance ist also gross, ohne Auslandskrankenversicherung auf Behandlungskosten sitzen zu bleiben. Da sich so eine Versicherung schon ab ca. 10,- Euro Jahresgebühr abschließen lässt und ein medizinischer Rücktransport alleine schon mehrere Tausend Euro kosten kann, ist der Abschluss durchaus eine Überlegung wert.

Über weitere wichtige Versicherungen lässt sich natürlich streiten. Wobei Streit ein gutes Stichwort ist. Eine

Rechtsschutzversicherung zum richtigen Zeitpunkt kann durchaus Gold wert sein, wenn z.B. die Schuldfrage bei einem Verkehrsunfall geklärt werden muss. Schnell entstehen dann Kosten für das Beweissicherungsverfahren vor Gericht, Personen- und Sachschäden, strittige Reparaturkosten, Anwälte oder teure Gutachten.

Mit gutem Gewissen kann aber auf die Handyversicherung verzichtet werden. In den Allgemeinen Geschäftsbedingungen finden sich viele Ausschlüsse, bei denen die Versicherung nicht zahlen muss. Das sind z.B. der einfache Diebstahl, wenn das Handy irgendwo liegen gelassen oder es aus der Hand gegeben wurde. Bei diesen Ausschlüssen darf zurecht gefragt werden, in welchem Fall die Handyversicherung denn überhaupt zahlt? Sollte es tatsächlich einmal zum Zahlungsfall kommen, so wird auch nur der gegenwärtige Zeitwert des Telefons ersetzt. Dieser Betrag dürfte dann kaum ausreichen, um einen vollwertigen Ersatz zu beschaffen. Die Beiträge können an dieser Stelle mit gutem Gewissen gespart werden.

Ähnlich hohe Ausschlüsse gibt es bei der Fahrradversicherung. So können Uhrzeiten ausgeschlossen werden, wenn das Fahrrad zur Nachtzeit gestohlen wurde oder nur ganz bestimmte Fahrradschlösser Verwendung gefunden haben. Schlecht auch, wenn das Fahrrad z.B. nicht hinter mindestens zwei verschlossenen Türen abgestellt wurde. In einigen Hausratversicherungsverträgen ist Fahrraddiebstahl bereits mitversichert. Ein Blick in den Vertrag kann hier für Gewissheit sorgen.

Eine Glasbruchversicherung wird gerne als Zusatz bei der Hausratversicherung angeboten und kostet natürlich. Wenn ein Fenster im Haus, das Glas in einer Tür, im Wintergarten, im Gewächshaus oder an einer Photovoltaik-Anlage kaputt geht, zahlt die Versicherung dann diese Schäden? Nein, denn das fällt in den Bereich der Gebäudeversicherung. Welches Glas möchtest Du also Jahr für Jahr teuer versichern? Aquarium, Backofentür oder Glastisch? Diese Versicherungsbeiträge können besser in andere Anlagen investiert werden.

Gut, dass es die Insassenunfallversicherung gibt, oder? Bei einem Verkehrsunfall zahlt aber schon die eigene KFZ-Haftpflichtversicherung und bei Schuld des Unfallgegners springt dessen KFZ-Haftpflicht ein. Wieder eine Versicherung gespart.

Eine Reisegepäckversicherung für ein paar Handtücher und eine Badehose? Da in der Regel keine großen Werte im Koffer transportiert werden und Reisegepäckversicherungen es häufig zur Auflage machen, das Gepäck niemals aus den Augen zu lassen, was völlig unmöglich bei einer Flugreise ist, hat sich diese Versicherung ebenfalls erledigt.

Jahr für Jahr ändern die Versicherungen ihre Angebote. Deshalb lohnt sich auch der jährliche Versicherungsvergleich. Bei der Zahlung der Versicherungsbeiträge, sollten die Überweisungen jährlich anstatt monatlich ausgeführt werden. Der Versicherer spart sich durch die jährliche Zahlung Personal- und Bürokosten. Diese Ersparnisse werden nicht selten auch an die Kunden weitergegeben. Das alleine kann im Jahr durchaus 6% der jährlichen Versicherungssumme ausmachen. Auch hier sind Onlineversicherungen durchweg günstiger als Versicherer mit Filialen.

Welchen Wert hat das eigene Auto noch? Ist es wirklich noch sinnvoll, hohe Beiträge für die Voll- und Teilkasko zu zahlen oder reicht nicht auch die normale KFZ-

Haftpflichtversicherung aus? Manchmal können Versicherungen auch unnötig werden, weil sich die Lebenssituation geändert hat. Ziehst Du z.B. mit Deinem Partner zusammen, können viele Versicherungen zusammengelegt werden. Es reicht also in diesem Fall eine Hausratversicherung, wenn sie denn sinnvoll erscheint.

Eine hohe Selbstbeteiligung spart auch hohe Beitragssummen, denn die Versicherung soll vor großem Schaden bewahren. Kleine Schäden am Auto können besser aus der eigenen Tasche bezahlt werden. Dadurch kann auch die Schadenfreiheitsklasse unangetastet erhalten bleiben. Eine Eingruppierung in eine höhere Versicherungsstufe bleibt somit ausgeklammert. In den Vergleichsportalen wird das sehr deutlich, wenn die gleiche Versicherung mit unterschiedlich hohen Selbstbeteiligungen verglichen wird. Stichtag zum Wechsel der KFZ-Versicherung ist der 30.11. eines jeden Jahres. Ist man im öffentlichen Dienst tätig oder fährt nur noch der eigene Partner mit dem Fahrzeug, ist eine Garage vorhanden, vielleicht ein Eigenheim, die Höhe der gefahrenen Kilometern im Jahr und lässt man sich auf auf Werkstattbindung ein? Das sind alles Punkte, mit denen am Ende mehrere Hundert Euro pro Jahr gespart werden können, ohne dass sich die eigentliche Versicherungsleistung ändert.

GESETZLICHE KRANKENKASSEN

Alle gesetzlichen Krankenkassen verlangen zur Zeit (Stand Ende 2017) einen Beitragssatz von 14,6% vom Bruttolohn. Der Arbeitgeber beteiligt sich zur Hälfte (7,3%) an diesen Kosten. Obendrauf kommt noch der Zusatzbeitrag, welcher je nach Krankenkasse unterschiedlich hoch ist und der ohne Hilfe des Brötchengebers alleine gestemmt werden muss. Hier liegt das Sparpotential.

In der Suchmaschine des Vertrauens 'Krankenkassen Zusatzbeitrag' eingegeben und es findet sich schnell eine Übersicht aller Krankenkassen mit den passenden Zusatzbeiträgen in Listenform. Die Höhe des Beitragssatzes kann sich dabei jedes Jahr ändern. Im Moment ist die günstigste Kasse bei 0,5% und die Teuerste bei 1,8% gelistet.

Das maximal mögliche Einsparpotential liegt bei 1,3%. Lohnt sich also jetzt ein Wechsel? Es sind doch nur 1,3%. Rechnen wir kurz am Beispiel eines Arbeitnehmers mit einem monatlichen Bruttogehalt von 3000 Euro nach: 0,5% Zusatzbeitrag bei 3000 Euro Gehalt, sind im Monat 15 Euro. Bei 1,8% sind es schon 54 Euro. Auf das Jahr gerechnet liegt der Unterschied bei 468 Euro. Ja, ein Krankenkassenwechsel kann sich durchaus für alle Beitragszahler lohnen.

Der Fairness halber muss aber auch erwähnt werden, dass die einzelnen Krankenkassen unterschiedliche Zusatzleistungen anbieten. Diese stehen auf den zugehörigen Webseiten jeder Kasse zur Einsicht. Zum Wechsel der aktuellen Krankenkasse, einfach eine schriftliche Kündigung absenden, mit der Bitte diese Kündigung zu bestätigen. Diese Bestätigung wird mit dem Aufnahmeantrag weiter an die neue Krankenkasse geleitet.

DIE KÜCHENSTUDIE

Es gibt tatsächlich Studien, die sich mit der Effektivität und dem Energieverbrauch von Geschirrspülern beschäftigen. Zum Glück, denn jetzt kann folgendes zusammengefasst werden. Mal eben die paar Sachen von Hand abspülen, verbrauchte in einer Studie soviel an Wasser, dass davon die 80 fache Menge an Geschirr im Spüler hätte gewaschen werden können. Es ist bei den aktuellen Geräten nicht unbedingt notwendig, Bestecke oder Teller vor zu spülen. Erst den Geschirrspüler einschalten, wenn er wirklich voll ist.

Beim Kochen oder Braten immer einen passenden Deckel benutzen, denn das hat gleich mehrere Vorteile. Die entstehende Wärme bleibt im Topf und erwärmt viel schneller die Speisen. Während der Garzeit kann eine niedrigere Temperatur am Herd eingestellt werden. Neben Zeit, wird Energie gespart und zwar das ganze Jahr über. Wenn es nur um das Wasser kochen geht, unbedingt einen Wasserkocher mit Abschaltautomatik verwenden. Wenn es kocht, schaltet der Wasserkocher den Strom unmittelbar ab. Der Herd kann das (noch) nicht und gibt weiter seine Energie an das kochende Wasser ab, bis er schließlich von Hand abgeschaltet werden muss.

Eier lieber im Eierkocher statt im Topf zubereiten. Viel weniger Wasser wird benötigt und das Volumen des Eierkochers ist klein. Dadurch entsteht weniger Verlustwärme in Form von Wasserdampf. Bei der Anschaffung einer neuen Kaffeemaschine, besser eine mit Thermoskanne, anstelle einer Glaskanne mit Warmhalteplatte kaufen. Hat die neue Kaffeemaschine auch einen metallenen Feinfilter, gehören Filtertüten für alle Zeit der Vergangenheit an. Größere

Mengen an Speisen für mehrere Tage zuzubereiten, spart bis auf das kurze Erwärmen in der Mikrowelle, den erneuten kompletten Kochprozess, inklusive Energiekosten.

Den Kühlschrank nie auf höchster Stufe laufen lassen. Die meisten Kühlgeräte sind viel zu kalt eingestellt. Die optimale Kühlschranktemperatur liegt bei 7 bis 8 Grad Celsius, gemessen im obersten Fach. Für den Gefrierbereich gelten -18 Grad Celsius als Optimum. Ist keine integrierte Temperaturanzeige vorhanden, kann auch für die Einstellungszeit ein ganz normales Thermometer verwendet werden, bis der korrekte Wert gefunden ist.

Nach Möglichkeit, den Kühlschrank nicht direkt neben den Herd oder eine andere Wärmequelle wie Toaster oder Heizung stellen. Es hilft auch, den Kühlschrank ein paar Zentimeter von der Wand abzurücken. So kann die warme Luft hinter dem Gerät besser entweichen und erwärmt so nicht indirekt wieder den Kühlschrank. Dieser muss sonst trotz Isolierung durch unerwünschte Wärmezufuhr mehr Energie aufwenden, um die eingestellte Temperatur überhaupt halten zu können. Eine gute Luftzirkulation erhöht generell die Lebensdauer von elektrischen Geräten. Das liegt hauptsächlich an den verbauten Kondensatoren. Je länger diese höheren Temperaturen ausgesetzt sind, desto schneller stellen sie ihren Dienst ein. Kurz mal ein paar Brötchen aufbacken, erledigt der Toaster schneller und günstiger als der Backofen.

À LA CARTE AUF DER ARBEITSSTELLE

Das tägliche Essen in der Kantine kaufen oder schnell den Lieferdienst beauftragen, ist wie der Coffee to go mit Brötchen, ein Luxus der Superlative. Natürlich muss der Mensch essen, aber wirklich täglich Kantine oder liefern lassen? Dazu bestellst Du Dir natürlich auch etwas zu trinken. Vielleicht ein Mineralwasser oder eine Apfelschorle? Wie einfach ist es, zu Hause die doppelte Portion viel günstiger zu kochen und es am Folgetag mit zur Arbeitsstelle zu nehmen. Dieser minimale Mehraufwand spart mindestens die Hälfte der täglichen Kantinenkosten ein. Tag für Tag und Jahr für Jahr ist es langfristig eine der größten Einsparmöglichkeiten überhaupt. Dabei kann jeder einzelne über die Speisequalität und -menge selbst bestimmen. Dieser Punkt entfällt bei Kantine und Co..

Teure Getränke kaufen, obwohl es in Deutschland bestes Trinkwasser direkt aus dem Wasserhahn gibt? Deutsches Leitungswasser ist das am strengsten kontrollierte Lebensmittel. Das kostet auf der Arbeit genau nichts und löschst den Durst nicht schlechter, als die gekaufte Flasche mit Mineralwasser. Darf es lieber Wasser mit Kohlensäure sein? Dann kann in einen Wassersprudler investiert werden. Damit erspart man sich die Flaschenschlepperei mit anschließender Abgabe der Pfandflaschen. Bist Du ein überzeugter Kantinengänger und möchtest einfach nicht darauf verzichten, dann kombiniere die Kantinentage doch als Einstieg mit den Selbstversorgertagen. Jeder Tag zählt, weil Du immer langfristig denken solltest und sich die ersparten Beträge stattlich summieren werden.

Endlich Feierabend, schnell noch die Tasse gespült und auf den Heimweg gemacht. Der Toilettengang kann ja erledigt werden, wenn man zu Hause angekommen ist. Naja, wenn sich schon ein Bedürfnis anmeldet, dann sollte es auch nicht verschoben werden. Nutze die Keramikabteilung als indirektes Sparschwein direkt vor Ort und spare Dir einmal täglich Wasser, Strom und Seife pro Feierabend.

WAS IM SCHLAFZIMMER GEHT

Ja, da geht was. Der 6 Watt Radiowecker kostet bei angenommenen 26 Cent pro Kilowattstunde im Jahr knapp 14 Euro Strom. Die Lösung ist wie immer ganz einfach. Mechanischen oder akkubetrieben LCD-Wecker nehmen und den alten Leuchtwecker entsorgen, verschenken oder noch besser verkaufen. Wird der alte Wecker durch einen Funkwecker ersetzt, gibt es auch mit der Sommer-, Winterzeitumstellung nichts mehr zu tun und die Uhrzeit ist, dank Frankfurter Funksignal auch noch sekundengenau. Bei einem Akkuwechsel stellt sich die Uhrzeit ganz automatisch ein. So spart man ein wenig Zeit aber noch besser, Geld.

TV-Gerät im Schlafzimmer? Lieber ein Tablett oder Smartphone mit ans Bett nehmen und darauf die Nachrichten ansehen, bevor das Licht ausgeht. Nicht jede Sendung oder Film benötigt eine 46 Zoll Bildschirmdiagonale in 4K mit 7.1 Soundsystem, oder?

Noch eine Runde lesen neben der Nachttischlampe oder doch eher mit einem beleuchtetem E-Book-Reader? Dann kann die Lampe auch mal ausgelassen werden. Wie wäre eine LED-Ambientbeleuchtung speziell für das abendliche Lesen? Diese stromsparenden Leuchtleisten gibt es für wenig Geld in einem schwedischen Möbelhaus ganz in Deiner Nähe. Für Bücher aus Papier sind flexible Leselampen, ähnlich einer Taschenlampe zu empfehlen. Sie lassen sich direkt an das Buch klemmen und haben eine lange Akkulaufzeit.

VIEL POTENTIAL IM BAD

Natürlich wird mehr Wasser beim Baden als beim Duschen benötigt aber es ist nicht nur das Wasser, das gespart werden kann, sondern auch jede Menge Wärmeenergie. Bei Bevorzugung der Dusche, können ca. zwei Drittel Wasser plus Energiekosten eingespart werden. In Kombination mit einem Sparduschkopf lässt sich sogar noch mehr raus holen. Bei den Wasserhähnen kannst Du die Durchlaufmenge des Wassers durch Strahlregler (Perlatoren) begrenzen. Diese Durchlaufbegrenzer können selbst von Hand auf die Wasserhähne aufgeschraubt werden. Wenn jetzt der Hahn aufgedreht wird, sorgt der Perlator durch Beimischung von Luft für einen festeren Strahl, trotz weniger Wasserdurchlaufmenge. Es gibt Packungen mit 15 Stück solcher Strahlregler, für unter 10 Euro zu kaufen. Damit sollte man gut versorgt sein und den einen oder anderen als Reserve übrig behalten können.

Ein kurzer Haarschnitt spart Bares. Warum? Ganz einfach. Kurze Haare benötigen weniger Wasser, weniger Shampoo, kürzere Zeit beim Föhnen und somit auch weniger Strom. Die Zeit fürs Föhnen lässt sich nochmals senken, wenn vorher die Haare gut mit dem Handtuch abgerubbelt wurden. Simpel und über einen langen Zeitraum hinweg sehr effektiv. Wie oft die Haare gewaschen werden ist dabei völlig gleich, denn der prozentuale Spareffekt im Verhältnis zu langen Haaren, ist durchweg gegeben. Das Wasser während des Einseifens ganz abzudrehen, wäre auch eine Möglichkeit Kosten einzusparen. Das mögen aber wohl die wenigsten. Das Wasser nicht laufen zu lassen während man sich die Zähne putzt, ist aber durchaus zu verschmerzen.

Wer Ordnung im Bad hält und blind weiß, wo das Shampoo in der Dusche steht, profitiert mit dem schnellen Griff zum Shampoo von kürzeren Wasserlaufzeiten.

Wenn keine Spartaste am WC vorhanden ist, dann tut es auch eine volle Wasserflasche oder ein Ziegelstein, der im Spülkasten versenkt wird und dort verbleibt. Bei jedem Spülvorgang wird jetzt genau die Menge an Wasser eingespart, welche zuvor durch die Wasserflasche als Volumen dem Spülkasten hinzugefügt wurde. Bei einer 1 Liter Flasche, sparst Du nach 10 mal spülen genau 10 Liter Wasser. Das gesparte Nass, kann viel sinnvoller zum Kochen oder als Trinkwasser verwendet werden. Teste aus, wie viel Wasser ausreichend für ein Spülvorgang ist. Vielleicht ist ja noch Platz für eine weitere Flasche.

Ein defekter Wasserhahn sollte sofort repariert werden. Dieser tropft unnötig Tag und Nacht, das ganze Jahr und arbeitet finanziell gegen Dich.

FAHREN UND SPAREN

Ob ein kleines oder großes Auto gefahren wird, gespart werden kann mit der Fahrweise. Geht es bergab oder springt die Ampel in einiger Entfernung auf rot, dann geh vom Gas und lasse das Auto ausrollen. Muss etwas abgebremst werden, dann statt zu bremsen lieber einen Gang herunter schalten und sinnvoll die Motorbremse nutzen. Im Leerlauf geht der Motor auf eine niedrige Umdrehungszahl, verbraucht aber dennoch Treibstoff. Wenn hingegen ein Gang eingelegt ist, wird kein Sprit verbraucht. Der Wagen bremst alleine durch den Widerstand des Getriebes. Dadurch werden Brennstoff und Bremsbeläge gespart. Normales Beschleunigen und der Verzicht auf Überholmanöver verbrauchen nicht nur weniger, sondern senken auch das Unfallrisiko aller Verkehrsteilnehmer.

Bei jeder Fahrt die Klimaanlage eingeschaltet zu haben oder ein Fenster während der Fahrt zu öffnen, erhöht in beiden Fällen den Mehrverbrauch um ca. 10%. Versuche die Geschwindigkeit zu halten. Auch leichtes Antippen auf das Gaspedal kostet unnötig Energie, wenn z.B. auf der Landstraße oder Autobahn durchweg die gleiche Geschwindigkeit gefahren werden könnte. Hier unterstützt der Tempomat, wenn er denn verfügbar ist.

Der Rollwiderstand der Reifen sollte so klein wie möglich sein. Das kann erreicht werden, indem der maximal zulässige Reifendruck um ca. 0,1 Bar pro Reifen erhöht wird. Die Sicherheit leidet darunter laut Automobil-Club nicht. Den Effekt des Rollwiderstandes, kann jeder selbst am besten auf dem eigenen Fahrrad erfahren. Sind die Fahrradreifen prall aufgepumpt, wird das Treten merklich leichter fallen. So ergeht es auch dem Motor, der sich durch weniger Verbrauch erkenntlich zeigen wird.

Entspannt mit dem Auto auf Urlaubsreise? Die LKWs geben über lange Strecken einen hervorragenden Windschatten ab, der gerne genutzt werden darf. Natürlich muss der vorgeschriebene Sicherheitsabstand eingehalten werden, aber der Effekt ist spürbar sobald man sich langsam von hinten nähert. Ohne das Gaspedal zu betätigen, fängt das Auto beim Eintritt in den Windschatten an zu beschleunigen. So können mit einer Tankfüllung spürbar mehr Kilometer geschafft werden.

Unnötiges Gepäck im Kofferraum, welches sinnlos hin und her gefahren wird? Raus damit. Jedes Gramm zählt und entlastet die Masse, welche vom Motor bewegt werden muss. Gleiches gilt für Dachgepäckträger. Diese erhöhen unnötig den Luftwiderstand.

Die Gänge nicht ausfahren. Langsames Anfahren und frühes Schalten in den nächsten Gang, schont den Motor und den Geldbeutel. Der erste Gang sollte nach dem Start schon bei ca. einer gefahrenen Wagenlänge durch den zweiten Gang ersetzt werden. In 30er Zonen reicht die normale Leerlaufdrehzahl aus, um im vierten oder fünften Gang mit der zugelassenen Höchstgeschwindigkeit, ohne zusätzliches Gas, vorwärts zu kommen. Mit niedriger Drehzahl zu fahren, erfreut auch so manchen lärmgeplagten Anwohner. Kurzstrecken, wie der Weg zum Bäcker oder Kiosk um die Ecke, können super mit dem Fahrrad erledigt werden. Geld am Automaten abheben, Einkaufen, Tanken oder einen Brief einwerfen am besten auf dem Weg erledigen und nicht jedes Ziel einzeln von zu Hause aus ansteuern.

Ist ein Zweitwagen wirklich nötig? Es kann Sinn machen, in ein Elektrofahrrad zu investieren. Strecken von 20 Kilometern oder mehr sind ohne Anstrengung und mit einer Akkuladung zu bewerkstelligen. Für leichtes Gepäck gibt es Satteltaschen und Kindersitze für den Nachwuchs. Vielleicht sind Carsharing Anbieter vor Ort oder es können

Fahrgemeinschaften gebildet werden. Auch der gemeinsame Einkauf mit Freunden und abwechselndem PKW-Tausch hilft sparen.

Tankstellen an Autobahnraststätten lieber nicht aufsuchen. Es lohnt, die nächste Ausfahrt zu nehmen und an der Dorftankstelle zu halten. Im Optimalfall kann die im Umkreis günstigste Tankstelle per kostenloser Tank-App ausfindig gemacht werden.

Vermeide wenn möglich den kostenpflichtigen Parkplatz direkt vor der Tür und bevorzuge den kostenlosen Platz ein paar Häuser weiter. Wenn Du dadurch ein paar Schritte mehr gehen musst, sehe die zusätzliche Bewegung an der frischen Luft nicht als eine Pflicht an, sondern als Investition in Deine Gesundheit und genieße ganz bewusst den kurzen Fußmarsch.

Winter- und Sommerreifen können selbst gewechselt werden und ist kein Hexenwerk. Wagenheber und Drehmomentschlüssel sei Dank.

SCHLEICHENDE STROMVERBRAUCHER

Völlig unterschätzt wird der Stromverbrauch von Elektrogeräten, welche vermeintlich ausgeschaltet sind. Tatsächlich bleiben sie aber weiter im Standby-Betrieb eingeschaltet und verbrauchen munter Energie. Das bisschen Strom ist doch nicht der Rede wert, oder? Naja, kleines Rechenbeispiel: Der Fernseher verbraucht im Betrieb ca. 50 Watt. Wer am Tag durchschnittlich eine Stunde TV schaut, wird pro Monat 1,5 KWh (Kilowattstunden) verbrauchen. Der

Fernseher ist aktiv für eine Stunde eingeschaltet aber die restlichen 23 Stunden des Tages keinesfalls ausgeschaltet! Im Standby-Betrieb verbraucht die Flimmerkiste ca. 0,5 Watt, einige Geräte sogar mehr als 5 Watt. Über den gesamten Monat kommen 0,35 KWh zusammen. Die scheinbar ausgeschaltete Mattscheibe, verursacht zusätzliche Stromkosten in Höhe von 25%. Rechnen wir mal mit 5 Watt, anstelle von 0,5 Watt. Dann kommen wir auf stolze 3,45 KWh, reine Standby-Kosten pro Monat. Der TV verbraucht dann das Doppelte im Standby-Modus, als für den normalen Regelbetrieb.

Die wenigsten Geräte im Haushalt schalten sich wirklich komplett aus. Es blinkt hier und leuchtet dort. Werden die 25% Mehrverbrauch auch bei den übrigen Geräten aufgeschlagen und für ein ganzes Jahr hochgerechnet, so lässt sich erahnen, welches Einsparpotential hier schlummert. Die Anschaffung von schaltbaren Steckdosenleisten lohnt sich an dieser Stelle in jedem Fall. An solch einer Steckdosenleiste kann eine Gruppe von Geräten angeschlossen werden, welche gemeinsam genutzt wird. Im Wohnzimmer ist das häufig der Fernseher mit dem Receiver, die TV-Box mit dem Disc-Player und die Spielekonsole mit der Hifi-Anlage. Nach Gebrauch eines dieser Gerätschaften, kann die gesamte Standby-Truppe mit dem Knopf an der Steckdosenleiste ausgeschaltet werden. Das ganze sollte dann auch für die Computerecke usw. umgesetzt werden. Für einzelne Verbraucher können einzeln schaltbare Steckdosen, anstelle von Leisten angeschafft werden. Als Anwendungsbeispiel sei hier der Ladeadapter für das täglich genutzte Smartphone genannt. Auch dieser Adapter verbraucht eingesteckt Saft, ohne dass etwas daran geladen wird. Einmal investiert, kann in Zukunft Monat für Monat bares Geld gespart werden und die Umwelt bedankt sich auch hier für die Standby-Aktion.

SCHULDEN TILGEN

Schulden tilgen hat oberste Priorität beim Vermögensaufbau. Sind Kredite zu bedienen, sollten diese so schnell wie möglich zurückgezahlt werden. Ist bei der Bank eine Sondertilgung vereinbart, umso besser. Nutze diese Möglichkeit. Versuche bei der Bank, auch nachträglich die Option der Sondertilgung mit in den Kredit zu integrieren. Bevor investiert werden kann, sollten die Bankschulden Geschichte sein. Es hilft wenig, wenn eine Investition mit 3% Rendite getätigt wird, aber auf der anderen Seite noch ein Kredit mit 4,5% zu bedienen ist. Sind gleich mehrere Kredite zurückzuzahlen, konzentriere Dich auf die Forderung mit dem höchsten Zinssatz. Die Sondertilgung wird dann konzentriert in genau dieses eine Darlehen gezahlt. Danach kommt der nächste Kredit mit dem höchsten Zinssatz an die Reihe.

Welche Schulden sind noch bei wem zu begleichen und wie hoch ist die Dringlichkeit? Gibt es bereits Mahnungen für Verbindlichkeiten oder ist eine Rate bereits im Verzug? Es hilft, sich zunächst einen Überblick über die Gesamtschulden zu verschaffen. Stapeln sich Briefe, welche aus Angst vor neuen Rechnungen oder gar Mahnungen noch nicht geöffnet wurden? Sammel alles, was Du finden kannst. Öffne alle Briefe und fange an, nach Dringlichkeit zu sortieren. Strikter Konsumverzicht ist jetzt das Hauptprogramm. Als kleiner Anreiz sei hier der nächste Urlaub auf Balkonien, stellvertretend für Mallorca genannt. Neue Konsumschulden sind ab sofort tabu. Forderungen, die bereits durch Mahnungen unterstrichen wurden, verdienen jetzt absolute Priorität.

Ist die erste Gesamtforderung komplett beglichen, steht ab diesem Zeitpunkt automatisch mehr Geld für die nächste Forderung zur Verfügung, da nun eine Rate weggefallen ist. Ferner wurde ein Teilziel erreicht, welches für die nächste Tilgung neue Motivation verschaffen kann. Wird dieser Kurs beibehalten und die Durststrecke durchlebt, kann diese Erfahrung des Verzichts und die aufgebrachte Disziplin, bei späteren Investitionsvorhaben einen klaren Erfahrungsvorteil gegenüber den Menschen geben, die bisher nicht verschuldet waren. Am eigenen Leib zu erfahren, wie mächtig der Zinseszins-Effekt gegen einen selbst arbeitet, bringt gleichzeitig das praktische Verständnis dafür, wie stark dieser Effekt exponentiell wirkt. Das aber bitte nicht als Aufforderung zum Schulden machen verstehen.

KONSUMKREDITE VERMEIDEN

Geld für eine Sache auszugeben, die man sich eigentlich noch gar nicht leisten kann, erzeugt auf einen Schlag sofortige Schulden, die pures Gift für den weiteren Vermögensaufbau sind. Ab sofort entsteht nun der Zwang, über einen längeren Zeitraum für bereits ausgegebenes Geld Arbeitskraft zu investieren. Tilgung, plus Zinszahlungen sind zu leisten. Zinsen zahlen, anstatt sie zu erhalten, macht den Vermögensaufbau aber mehr als mühsam und schafft schnell Demotivation auf der Reise dorthin. Der Weg wird unangenehm und führt in eine völlig falsche Richtung. Fort vom Vermögen und hin zum schnellen Konsumrausch auf Pump.

Null-Prozent-Finanzierungen klingen beileibe verlockend, aber viel zu schnell tritt dabei die Gepflogenheit ein, sich alles Wünschenswerte sofort auf Kredit leisten zu können. Dinge im Vorfeld zu konsumieren, sie erst nach und nach abzustottern und dabei ständig am obersten Limit der vermeintlichen Kaufkraft zu schweben, ist für die meisten Deutschen der Normalfall. Dieser Weg sollte ganz schnell wieder verlassen oder gar nicht erst beschritten werden.

Nicht über, sondern unter den eigenen Verhältnissen zu leben, lässt die eigene Kaufkraft wachsen und bringt bei stetigem investieren auf Dauer Wohlstand und Zufriedenheit. Sollte in naher Zukunft die Entscheidung für oder gegen einen Konsumkredit im Raum stehen, kann sich jeder einmal folgendes fragen. Es ist wichtig an diesem Punkt ehrlich zu sich selbst zu sein: Macht es Sinn, sich nicht zwingend benötigte Dinge zu leisten, die man sich nicht leisten kann, diese mit Geld bezahlt, das einem nicht gehört, nur um damit vielleicht die Nachbarn zu beeindrucken, die man nicht mag oder nicht einmal kennt? Dieser Gedankengang kann hoffentlich ein wenig dazu beitragen, bei zukünftigen Entscheidungen zumindest den einen oder anderen Konsumkredit nicht wahrzunehmen.

VERKAUFEN STATT ENTSORGEN

Es ist noch nie so leicht und kostengünstig gewesen, seine gebrauchten Sachen am Markt anzubieten, als in der heutigen Zeit. Ein Foto gemacht mit dem Smartphone und direkt mit der Kleinanzeigen-App veröffentlicht. Völlig kostenlos und in Sekunden erledigt. Das kauft doch eh keiner mehr. Schon des

Öfteren wurde ich da eines Besseren belehrt. Denn so leicht es für Dich als Verkäufer ist, einen Artikel einzustellen, so leicht ist es auch für den potentiellen Käufer nach gebrauchten Artikeln zu suchen. Niemand ist mehr gezwungen, alle Sachen zusammen zu packen und den lieben langen Tag auf dem Flohmarkt zu verbringen. Dank des Internets, ist es kein Aufwand mehr, schnell fündig zu werden. Dabei wächst die Menge der Internet-Nutzer und damit die Masse potentieller Interessenten jeden Tag weiter.

Verschicke die alten Schallplatten mit der Post oder lasse sperrige Fahrräder einfach vom Käufer abholen. Kein Schleppen, keine Mühe und nur wenig Aufwand. Vielleicht ist am Wochenende ein guter Tag um den eigenen Keller etwas zu entrümpeln, Platz zu schaffen und dabei ein paar Euros zu verdienen.

Auktionen sollten am besten abends am Wochenende ablaufen, da dann die meisten Interessenten online sind. Dabei auf eine ordentliche Artikelbeschreibung und auf aussagekräftige Fotos achten. Das steigert die Chance auf höhere Verkaufserlöse.

NEU UND GEBRAUCHT

Nicht nur das Verkaufen, sondern auch das geschickte Vorgehen bei Neuanschaffungen, hilft das Vermögen weiter aufzubauen. Ob Kleidung, Möbel, Haushaltsgeräte, Unterhaltungselektronik, Computerspiele oder Autos. Nichts davon muss neu gekauft werden. Ein großer Teil vom Einkaufspreis kann eingespart werden, wenn sich für gebrauchte Artikel entschieden wird. Natürlich sollte kein

Schrott oder Müll angeschafft werden aber der Markt ist groß, gute Angebote sind vorhanden und die Auswahl ist für alle leicht zugänglich. Die Film- oder Computerspieledisc gibt gebraucht inhaltlich dieselbe Funktion wieder, als würde ein neues Produkt im Player liegen. Nur eben viel günstiger. Selbst Neuerscheinungen, sind nach wenigen Tagen gebraucht in diversen Kleinanzeigen günstiger als zum Neupreis zu finden.

Die eigenen Kinder wachsen schnell und die Kleidung muss ständig in neuen Größen gekauft werden. Ganze Berge an guter, gebrauchter Kinderkleidung werden angeboten. Einmal in die Waschmaschine gesteckt und im Anschluss auf Qualität geprüft, haben die Sprösslinge erst einmal wieder genügend passende Schuhe, Jacken, Hosen etc.. Unterwäsche sei hier aus hygienischen Gründen mal ausgenommen.

Auch Fahrräder wachsen leider nicht mit und müssen regelmäßig durch Größere ersetzt werden. Fahrradflohmärkte gibt es in fast jeder Stadt. Auf einigen Märkten kannst Du den erworbenen Drahtesel auch gleich vor Ort von der Polizei kostenlos kodieren lassen. Wird das Rad dann nach einem eventuellen Diebstahl wiedergefunden, kann es direkt dem Besitzer zugeordnet und zurückgegeben werden.

Der effektivste Weg seinem Vermögensaufbau zu schaden, ist der Kauf eines Neuwagens. Rollt der Fahrer mit seinem neuen Gefährt vom Hof des Autohändlers, kann er direkt 10% an Wertverlust im Hinterkopf notieren. Im ersten Jahr, bei angenommenen 15.000 gefahrenen Kilometern, liegt der Wertverlust schon bei ca. 25%. Das sind bei einem Kaufpreis von 25.000 Euro mal eben 6.250 Euro abgeschrieben. Dicsen enormen Verlust gibt es nur beim Neukauf eines Fahrzeugs. Umgchen kann man das Problem ganz einfach, indem ein Gebrauchtwagen mit wenig gefahrenen Kilometern angeschafft wird. Der damit ersparte Wertverlust kann lieber in zukünftige Reparaturen, Inspektionen und neue Reifen gesteckt werden.

AKKUS UND BATTERIEN

Viele mit 1,5 Volt batteriebetriebene Elektroartikel wie Taschenlampen, Nachtlichter, Spielzeuge, Radios, Uhren, Game-Controler oder Funktastaturen, können mit wiederaufladbaren Akkus genutzt werden. Zwar haben die Akkus eine etwas kleinere Spannung von ca. 1,2 Volt, aber das schadet den Geräten nicht. Die Anschaffung eines Ladegerätes mit dem passenden Akkusatz, meist vom Typ Mignon, Micro, Baby und Mono, macht sich schnell bezahlt.

Die Möglichkeit, die Akkus mehrfach immer wieder aufzuladen, anstatt sie nach einmaligem Gebrauch in den Sondermüll zu werfen, schont auf lange Sicht erneut den Geldbeutel und nachhaltig Mutter Natur. Je nach Anbieter kann ein Akku ca. 1000 mal erneut aufgeladen werden, bevor er entsorgt werden muss. Dabei kostet ein Akku aber nicht das 1000 fache einer Batterie. Diese findet schon nach einmaligem Gebrauch den Weg in die Altbatteriesammlung.

ENERGIESPARLAMPE HOCH ZWEI

Die Raumbeleuchtungen sind schon mit Energiesparlampen ausgestattet? Prima, auch bereits mit LED-Lampen (light emitting diode)? Diese sogenannten Licht emittierenden Dioden-Lampen sind im Stromverbrauch um nochmals ca. 50% sparsamer als die altbekannten Energiesparlampen. Auch beinhalten die LED-Leuchtmittel keine Anteile vom giftigen Quecksilber mehr. Wenn die LED-Lampen eingeschaltet werden, so geben sie sofort ihr Licht ab. Die quecksilberhaltigen Energiesparleuchten machen das erst nach einer gewissen Verzögerung und benötigen zusätzliche Zeit zum Erreichen der vollen Helligkeit. Beim Kauf einer LED sollte auf die Lichtfarbe geachtet werden und ob sie bei Bedarf dimmbar ist. Bis 2700 Kelvin wirkt das abgestrahlte Licht warm und gemütlich, ähnlich der alten 60 Watt Glühlampe.

Die Lichtfarbe wird auf der Verpackung angegeben. Alles was mit einem höheren Wert als 2700 Kelvin angegeben ist, wirkt eher kalt und das Licht nimmt eine bläulich grelle Farbe an. Abends auch ruhig mal wieder ein paar Kerzen anzünden. Das spart wiederum nicht nur Strom, sondern sieht auch noch romantisch aus. Natürlich gibt es auch für die gemütlichen Kerzen schon eine Alternative. Es sind Wachskerzen mit eingebauter Elektronik im Umlauf, die erstaunlich gut das echte Kerzenlicht emittieren können. Selbst die Flamme wird durch Induktion bewegt und mit flackerndem LED-Licht angestrahlt. Zumindest auf den ersten Blick, sind sie von echten Kerzen nicht zu unterscheiden. Manche schalten sich am Abend sogar selbstständig an und nach ein paar Stunden wieder aus. Brandgefahr gleich Null, ich bin begeistert…

FREIE BETRIEBSSYSTEME UND SOFTWARE

Warum noch proprietäre Betriebssysteme nutzen, wenn es sicherere und kostenlose Softwarelösungen gibt? Für Office-Nutzer und in den Bereichen Grafik, Video, Musik, Internet, Mail und Echtzeitkommunikation gibt es schon seit Jahren freie Software-Alternativen unter dem kostenlosen Betriebssystem LINUX. Kostenlos? Das kann ja nichts gescheites sein, oder? In vielen Fällen hat man mit diesem Grundgedanken auch recht, aber hier bestätigt die Ausnahme die Regel. In vielen Geräten (Navigation, TV-Receiver, Autoradios, Kaffeemaschinen etc.) ist das freie System als Firmware bereits fest integriert. Auch die Betriebssysteme der beiden führenden Smartphone Hersteller sind auf ihm aufgebaut. Es gilt als sehr sicher und stabil.

Die meisten Webserver dieser Welt laufen damit. Benötigte Programme lassen sich direkt aus der Benutzeroberfläche heraus installieren. Diese sogenannten Open-Source Programme beinhalten auch keine Spy- oder Adwarekomponenten, die den Nutzer ausspionieren oder ihm gezielt Werbung unterbreiten. Alle kostenlos angebotenen Programme liegen im Quelltext der Öffentlichkeit vor. Es würde also sofort auffallen und publik gemacht werden, wenn Schadsoftware integriert würde. Die kommerziellen Anbieter von Betriebssystemen haben ihr Geschäftsmodell in den letzten Jahren dahin geändert, Daten und Verhaltensweisen von Nutzern zielgerichtet zu sammeln und kommerziell zu vermarkten. Wenn der Nutzer damit nicht einverstanden ist, kann er laut Softwarevertrag das Betriebssystem nicht nutzen und sollte es auch lieber nicht. Es heißt also, friss oder stirb. Eine klare Empfehlung ist, das freie Betriebssystem einmal auf einem älteren PC-System auszuprobieren und die kostenlosen Angebote zu testen. Deine Daten sind wertvoller, als Du vielleicht denkst. Ein Blick auf das börsennotierte Unternehmen 'Facebook' spricht da für sich.

FEST- UND MOBILFUNKNETZVERTRAG

Ein Mobilfunk- und ein Festnetzvertrag. Werden wirklich beide Verträge benötigt? Internet für den PC lässt sich auch über das Smartphone mit Hilfe von Tethering nutzen. Dabei funktioniert das Mobiltelefon wie ein WLAN-Router und versorgt alle notwendigen Geräte mit Internet. Tethering lässt sich in den meisten Smartphones ganz einfach in den Einstellungen aktivieren.

Wird in dem Umfang telefoniert oder gesimst, dass eine Flatrate von Nöten ist oder lohnt sich nicht bereits der Umstieg auf einen angepassten Vertrag? Bei vielen rechnet sich eine kleine Überprüfung der eigenen Telefongewohnheiten. Hier und dort wäre es sicher günstiger, das seltene Telefonat mit zusätzlichen Einheiten zu zahlen und den nicht ausgenutzten All-Inclusive-Tarif zu streichen.

Sollten unterwegs nicht fanatisch Gigabytes an Videodaten heruntergeladen werden, sondern eher Mails und Messenger anstelle von SMS genutzt werden, gibt es trotz unbegrenztem Internetzugang für ein paar Euros richtig günstige Tarife. Sie versorgen ausreichend mit dem Nötigen, aber schonen dabei den Geldbeutel.

Oft kommt es vor, dass bei Vertragskündigung kurz darauf ein neues kostengünstigeres Angebot vom aktuellen Telekommunikationsunternehmen ins Haus flattert, um Dich als Kunden zu behalten. Dann hat man die Wahl zu wechseln oder mit dem alten Anbieter ein wenig Preispoker zu spielen.

Muss es wirklich immer das neueste Smartphone zum neuen Tarif sein? Es lohnt hier wieder ein Blick auf den Gebrauchtmarkt. Dort finden sich genügend aktuelle Smartphone-Modelle, die im Preis aber schon deutlich erschwinglicher sind, als das brandneue Top-Modell. Es wird ein Tarif ohne beiliegendes Smartphone dazu gebucht und gefüttert ist das Sparschwein.

Noch ein ganz wichtiger Tipp: Alle großen Telefonanbieter haben kleinere Tochterunternehmen, welche unter einem anderen Namen agieren, die gleiche Infrastruktur des Mutterkonzerns nutzen, aber erheblich günstigere Tarife anbieten. Das lässt sich ganz schnell mit der Suchmaschine Deines Vertrauens ermitteln.

SCHLAU EINKAUFEN

Grundsätzlich ist es sinnvoll, nicht jeden Tag einkaufen zu gehen. Die Versuchung ist groß, immer mehr mitzunehmen, als ursprünglich geplant war. Da lockt ein Schnäppchen hier und ein Angebot dort. Wenn möglich, mache einen Großeinkauf und schiebe so die nächsten Besorgungen weiter nach hinten. Der Einkauf sollte geplant sein und es gibt einen Einkaufszettel, welcher nach und nach abgearbeitet wird. Diese Liste entsteht im Laufe der Woche zu Hause, je nach Bedarf der verbrauchten Artikel. Wenn die letzte Käsepackung oder Milchtüte angebrochen ist, wird kurz eine Notiz gemacht. Bei uns zu Hause, hängt für solche Zwecke eine kleine Kreidetafel in der Küche, auf die jedes Familienmitglied zur Neige gehende Waren notieren kann. Ist der große Tag gekommen, wird der Inhalt der Tafel kurz per Smartphone abfotografiert und fertig ist der digitale Einkaufszettel. Auf mysteriöse Weise tauchen manchmal Weingummis oder Spielzeuge auf dieser Liste auf. Die Verdächtigen sind aber meistens schnell überführt.

Hungrig einzukaufen ist auch keine gute Idee. Zu groß ist die Versuchung, beim Schlendern durch die Gänge, unnötige Zwischenmahlzeiten und Schleckereien abzugreifen. Natürlich kann man sich auch mal auf ein angepriesenes Angebot einlassen. Aber mit Zurückhaltung, denn einige Angebote entpuppen sich bei näherer Betrachtung eben nicht als Schnäppchen. Auf den Preisauszeichnungen der Waren, hilft es auf die Mengenangabe zu achten. Es kommt vor, dass der Preis pro Kilogramm, pro 100 Gramm oder pro Liter angegeben wird. Wer rechnet im Eifer des Gefechts schon um und vergleicht? Dank Taschenrechner-App sollte es aber kein allzu großer Aufwand mehr sein, es doch zu tun. Denn es kann sich lohnen. Nicht selten, sind große Packungen von der Menge her nicht günstiger, sondern teurer als Kleine. Längst ist es nicht mehr selbstverständlich, günstige Marken automatisch ganz unten im Regal anzutreffen. Professionell angewandte Psychologie beeinflusst das Kaufverhalten der Verbraucher. Zufall oder Misswirtschaft sind nicht der Grund dafür, dass Du erst quer durch den ganzen Laden laufen musst, um an die gängigsten Lebensmittel wie z.B. Milch zu gelangen.

Sparen kann man auf ganz einfache Weise, wenn der Einkaufsladen eine eigene Produktmarke anbietet. Einigen Menschen hilft es, den Einkauf an der Kasse mit Bargeld, anstatt mit EC-Karte zu bezahlen. Auf diese Weise sehen sie, wie die Geldscheine aus dem Portemonnaie verschwinden. Und Vorsicht! Nicht überall, wo Angebot drauf steht, ist auch ein Angebot drin. Es gibt riesige Stände mit noch größeren Angebotsschildern. Trotzdem handelt es sich bei der angepriesenen Ware oft nur um den regulären Ladenpreis.

In manchen Gegenden kann es von Vorteil sein, sich den Einkauf liefern zu lassen. Auch wenn für einzelne Artikel mehr bezahlt werden muss. Berücksichtigung werden bei dieser Überlegung Zeit, Arbeit, Fahrtkosten und Verschleiß am Fahrzeug. Selbst leere Pfandflaschen können in vielen Fällen dem Lieferdienst zur Abholung mitgegeben werden. Der einmalige Vergleich zwischen Selbsteinkauf und Lieferdienst, lohnt sich alleine durch die gewonnene Zeit.

Nach Obst und Gemüse Ausschau halten, welches gerade Saison hat. Diese Lebensmittel gibt es dann in Hülle und Fülle, was den Preis drückt. Zur Abendzeit werden frisches Obst, Gemüse und Fleisch des Öfteren günstiger angeboten, da viele Frischwaren ansonsten alternativlos auf Kosten des Supermarktes entsorgt werden müssen.

GLÜCKSSPIELE

Selbst mit etwas Glück, ist die Chance durch Glücksspiele an das große Geld zu kommen, verschwindend gering. Eher läuft man Gefahr, der Spielsucht zu erliegen und den direkten Weg in die Schuldenfalle zu nehmen. Es gibt genügend mathematische Beweise dafür, dass auf lange Sicht nur die Bank gewinnen kann.

Die Wahrscheinlichkeit ist größer vom Blitz erschlagen zu werden oder mit einem Flugzeug zu verunglücken, als dass Du den Lottojackpot abräumst. Niemand macht etwas verkehrt, wenn er einen großen Bogen um Glücksspiele macht. Wer nur aus Spaß an der Freude gelegentlich die Kugel beim Roulette rollen lässt, dem sei es gegönnt. Aber Vorsicht…

REICHER ODER RAUCHER?

Wer sich das Rauchen genehmigen möchte und es sich auch aus gesundheitlichen Gesichtspunkten in naher Zukunft nicht abgewöhnen will, für den folgt ein kurzes Gedankenspiel. Wie wäre es mit einer rein finanziellen Motivation, um doch noch einmal darüber nachzudenken? Hier kommt sie: 20 Zigaretten am Tag kosten im Monat ca. 160,- Euro. In einem Jahr sind das 1920,- Euro und in 10 Jahren 19.200,- Euro. Da man sich den Luxus des Rauchens auch in Zukunft nicht verweigern möchte, werden nach 40 Jahren 76.800,- Euro in Rauch aufgegangen sein.

Ja, das ist doch nichts Neues. Moment, es gibt da aber noch eine weitere Rechnung, welche die meisten Raucher überhaupt nicht auf dem Schirm haben. Im o.g. Beispiel sind nämlich nur die Ausgaben für die Zigaretten als reine Kosten definiert. Was aber kommt unterm Strich heraus, wenn die 160,- Euro nicht nur nicht ausgegeben, sondern monatlich investiert werden?

Der mächtige Zinseszinseffekt wird hier zum besten Freund erklärt und bewirkt folgendes. Überschlagen wir kurz: 160,- Euro monatlich in einen ETF-Sparplan (Details folgen später) mit einer durchschnittlichen Rendite von 7% (historische Nettorendite vom DAX) angelegt, ergeben nach 40 Jahren die stolze Summe von rund 400.000,- Euro! Spätestens an dieser Stelle sollte jeder Sterbliche, neben medizinischer Bedenken, noch einmal kurz in sich gehen.

KAPITEL 3: GRUNDWISSEN DES INVESTIERENS

ZINS UND ZINSESZINS

Zinsen kann man erhalten, aber auch bezahlen. Sich für den ersten Fall zu entscheiden, macht für den Vermögensaufbau natürlich mehr Sinn. Was sind denn überhaupt Zinsen und wofür bekommt man sie? Wird Geld für einen gewissen Zeitraum verliehen, so kann als Gegenleistung dafür ein Preis verlangt werden. Dieser Preis nennt sich Zins. Überlässt Du einer Person 1000 Euro für ein Jahr, bei einem Zinssatz von 5%, dann müssen nach 12 Monaten 50 Euro Zinsen, plus die geliehenen 1000 Euro zurückgezahlt werden. Überprüfen lässt sich das mit folgender Renditeformel: Ertrag pro Jahr, dividiert durch das eingesetzte Kapital, mal einhundert (50 / 1000 * 100 = 5%). Wenn nun das Ganze zehn mal hintereinander vollzogen wird, können nach eben soviel Jahren 500 Euro an Zinsen mit einer Gesamtrendite von 50% eingebucht werden.

Beim Zinseszins ist es nun so, dass die Zinsen reinvestiert und dadurch immer wieder, erneut mit verzinst werden. Ein kleines Beispiel: Im ersten Jahr werden 1000 Euro bei 5% Zinsen verliehen. Die Rückzahlung beträgt 1050 Euro. Im zweiten Jahr lassen sich 1000 Euro, plus die 50 Euro Zinsen anlegen. An dieser Stelle fließen die Zinsen in die Investitionssumme mit ein. Sie erwirtschaftet während der nächsten 12 Monate eine Summe von 1102,50 Euro. Im dritten Jahr gibt es bei Wiederanlage 1157,63 Euro und im letzten Jahr 1628,89 Euro. Durch den Zinseszins, konnten hier 128,89 Euro mehr eingenommen werden. Das entspricht einer Gesamtrendite von 62,89 % und liegt hiermit 12,89 % über der ersten

Variante mit nur 50%.

Beim einfachen Zins, ist der Gewinn gleichbleibend und linear. Im zweiten Beispiel, wo der Zinseszins mitwirkt, steigt der Gewinn exponentiell. Er bereitet dem Anleger eine ständig steigende Rendite. Das ist der entscheidende Unterschied zwischen Zins und Zinseszins. Dieser mächtige Effekt wird sowohl bei der Geldanlage, als auch bei der Kreditaufnahme gerne unterschätzt oder gar nicht erst verstanden. Je länger der Zinseszins für Dich arbeitet, desto größer wird dieser Effekt sein und je anschaulicher ist schlussendlich der Profit.

DIE RICHTIGE BANK

Alles was in irgendeiner Art und Weise Gebühren oder Kosten verursacht, schmälert regelmäßig den Wert des eigenen Kontos und dämpft den Zinseszins-Effekt. Letzten Endes kommt es darauf an, für die individuellen Vorzüge, die passende Bank zu finden und bei Bedarf eben dorthin zu wechseln. Bei Kreditinstituten ist es in der Regel nicht so, dass hier jedes Jahr die anfallenden Kosten in der Häufigkeit verglichen werden müssen, wie es bei Versicherungen oder Energieversorgern der Fall ist. Um aber im Rahmen einer ordentlichen Finanzoptimierung eine Basis zu schaffen, macht es durchaus Sinn, zu Beginn jeglicher Investitionen einen Bankenvergleich durchzuführen. So lässt sich kontrollieren, ob angebotene Leistungen noch zum eigenen Profil passen oder vielleicht unnötig bzw. überteuert sind. Auf diese Punkte sollte geachtet werden:

Kontoführungsgebühren
Höhe der Soll- und Überziehungszinsen
ausreichende Geldautomatendichte
Barein- und Barauszahlungen möglich bzw. kostenfrei
Geld- und Kreditkartengebühren (EC / Kredit)
Kosten für Inlands- und Auslandsüberweisungen
Art der Übermittlung von TAN-Nummern
Inländische oder ausländische Bank (EU / nicht EU)
Höhe der Einlagensicherung
Filial- oder Onlinebank

> Tagesgeldkonto und Depot kostenfrei inklusive

Einen Wechsel aus reiner Bequemlichkeit oder Gewohnheit nicht durchzuführen und durch zu hohe Gebühren weniger Kapital zur Verfügung zu haben, ist denkbar ungünstig. Die neue Kreditanstalt wird sich um alle notwendigen Formalitäten, wie z.B. Übernahme aller Daueraufträge etc. kümmern. So hält sich an dieser Stelle der persönliche Aufwand, in überschaubaren Grenzen. Einige Banken bieten besonders günstige Konditionen an. In vielen Fällen aber nur unter der Voraussetzung, dass monatlich ein bestimmter Gehaltseingang vorliegt. Besser also vor der Abwanderung zum neuen Geldinstitut prüfen, ob das regelmäßige Gehalt wirklich der geforderten Mindestsumme entspricht.

DER INVESTOR

Das Ziel eines Investors ist es, mit seinem eingesetzten Kapital, einen Gewinn oder eine Rendite zu erwirtschaften. Er investiert sein Geld in Personen, Unternehmen, Systeme, Staaten oder in Geld- und Sachwerte. Dabei kann das Überlassen des Kapitals an Vorgaben des Geldgebers, wie z.B. eine Gewinnbeteiligung an einer Firma gebunden sein. Ein Investor verwendet einen Teil seines Vermögens, um damit einen Ertrag zu erwirtschaften, plus seine eingebrachte Aufwendung in einer bestimmten Zeit wieder zurück zu erhalten.

DIE DIVIDENDE

Eine Aktiengesellschaft kann Dir als Aktionär einen Teil des erwirtschafteten Gewinns ausschütten. Diese Gewinnbeteiligung wird Dividende genannt. In der Hauptversammlung des Unternehmens wird durch Abstimmung beschlossen, wie hoch die kommende Dividendenzahlung ausfallen soll. Die Dividende wird den Aktionären häufig schon einen Tag nach der Abstimmung ausgezahlt. Es kann aber auch jederzeit beschlossen werden, dass im laufenden Jahr keine Gewinnausschüttung vollzogen wird und stattdessen, zwecks anstehender Investitionen der Gewinn im Unternehmen verbleiben soll. Wird aber für eine Dividende gestimmt, so hat jeder Aktieninhaber dieses Unternehmens auch Anspruch auf diese. Die Häufigkeit der Auszahlungen liegt bei deutschen Unternehmen bei 1 mal pro Jahr. US-Firmen schütten mit Vorliebe vierteljährlich aus. Auch monatliche Beteiligungen kommen vor und finden sich gerne im Bereich der Immobilien-Aktien wieder. Besser nicht auf die Idee kommen, sich jetzt nur noch auf monatliche Dividenden-Zahler zu konzentrieren. Entscheidend ist, ob das Unternehmen dahinter auch gesund wirtschaftet und nicht die Ausschüttungen aus Krediten oder der eigenen Grundsubstanz finanziert. Dieses Vorgehen dient vor allem dazu, Investoren bei Laune zu halten. Das kann auf lange Sicht nicht zum erwünschten Erfolg führen. Als Depotbeimischung sind sie aber durchaus interessant und eine Überlegung wert.

INVESTIEREN UND SPEKULIEREN

Ob investiert oder spekuliert wird, ist manchmal gar nicht so einfach zu unterscheiden. Wer sich eine Immobilie zulegt, um sie im Anschluss zu vermieten, der spekuliert darauf, dass die Immobilie mit der Zeit im Wert steigt und er sie mit Gewinn wieder verkaufen kann. Es wird aber gleichzeitig ein Investment getätigt, zumal Renditen in Form von Mieten fließen.

Ein weiteres Beispiel kann der Kauf von Bitcoins sein. Spekulanten erwerben eine bestimmte Stückzahl der digitalen Währung und spekulieren darauf, dass sich der Wert dieser Bitcoins in kürzester Zeit vermehrt. Einen physischer Wert, wie z.B. bei Gold, haben Bitcoins aber nicht. Ein Investor hofft natürlich ebenso, dass seine Aktien im Wert zukünftig steigen. Hinter Aktien stehen aber im Gegensatz zu Bitcoins, physische Werte wie z.B. Maschinen oder Immobilien. Regelmäßige Dividendenzahlungen erwarten den Investor. Hier fällt auch schon ein kleiner Unterschied zwischen Investment und Spekulation auf. Der Investor verdient durch seine Investition sofort und regelmäßig, z.B. in Form der Mieten oder der Dividenden. Beim Spekulieren gibt es erst etwas zurück, wenn seine Bitcoins wieder verkauft werden. Voraussetzung für einen Gewinn ist demnach ein tatsächlicher Wertanstieg des Spekulationsobjektes! Der zweite aber entscheidende Unterschied zwischen einem Investor und einem Spekulant ist, dass der Investor durch seine Investitionen und die damit verbundenen regelmäßigen Erträge, sein Geld 'verdient'. Der Spekulant kann nur auf eine Wertsteigerung hoffen und 'gewinnt' sein Geld. Wenn er denn mit seiner Einschätzung richtig liegen sollte…

GELD- UND SACHWERTE

Geldwerte finden sich in Form von Bausparverträgen, Sparbüchern, Versicherungen, Krediten, Tagesgeldkonten oder Anleihen wieder. Sachwerte stellen Immobilien, Autos, Aktien, Fonds, Schmuck, Kunstgegenstände, Antiquitäten, Edelmetalle wie Gold und Silber oder Unternehmensbeteiligungen dar. Sollte nun besser in Sach- oder in Geldwerte investiert werden? Vielleicht hilft ein kurzer Vergleich dabei, die richtige Entscheidung zu treffen.

Für den Aufbau von Geldwerten spricht die Sicherheit, keinen Totalverlust zu erleiden. Auch bleiben Geldwerte liquide. Das heißt, im Notfall kann über das Geld verfügt oder für eine gewisse Zeit geparkt werden. Später wird der Geldwert wieder als Zahlungsmittel eingesetzt.

Gegen Geldwerte spricht aber das Währungsrisiko und die Inflation, welche stetig am Wert und damit an der Kaufkraft des Geldes knabbert. Dabei wird es ohne Gnade immer weiter dezimiert. Nicht so bei Sachwerten. Allerdings erfordert es mehr Aufwand, in Sachwerte zu investieren. Warum? Weil es die Aneignung von einschlägigem Wissen voraussetzt um das Investitionsrisiko besser einschätzen zu können und um Verluste zu minimieren bzw. ganz auszuschließen. Wenn Letzteres überhaupt möglich ist. Zwei finanzielle Nachteile treffen für beide Wertearten zu. Da wären zum einen die Gebühren bei der Kontoführung oder der Notar beim Immobilienkauf. Dazu fallen in beiden Fällen Steuern an.

Worin sollte denn nun investiert werden? Um nicht alle Eier in einen Korb zu legen und einem Totalverlust zu entgehen, minimiert man zuerst immer das Risiko. So fällt die

Entscheidung fast von ganz alleine. Es ist demnach ratsam, einen Teil in Geldwerte und einen anderen Teil in Sachwerte zu investieren.

AKTIEN, BÖRSEN UND BROKER

Vielen Menschen ist das Verständnis und der Umgang mit Aktien ein viel zu kompliziertes Thema. Genau aus diesem Grund wollen sie sich auch nicht damit beschäftigen. Dabei sind Aktien ein wichtiger Baustein für den Vermögensaufbau und gar nicht so schwer zu verstehen. Wenn von einem Unternehmen eine Aktie ausgegeben wird, dann besitzt der Käufer dieser Aktie einen Teil des Unternehmens und ist ab sofort Miteigentümer. In dem Moment, wo eine oder mehrere Aktien gezeichnet (so wird der Kauf einer Aktie genannt) werden, ist der Zeichnende ein Aktionär und damit auch gleichzeitig ein Investor. Man stelle sich eine Firma als ein Buch mit vielen Seiten vor. Mit dem Erwerb einer Buchseite, gehört dem Käufer ein kleiner Teil des Buches. Erwirbt er viele Seiten in diesem Buch, gehört ihm auch ein größerer Teil davon. Genauso verhält es sich mit Aktien. Je mehr Aktien im Bestand sind, desto höher ist der Eigentumsanteil am Unternehmen.

Ziel des Unternehmens ist es, mit der Ausgabe von Aktien, frisches Kapital für neue Investitionen zu erhalten. Die Gesellschaft, welche ihre Unternehmensanteile in Form von Aktien ausgibt, spart sich so u.a. die Aufnahme eines Bankkredites. Dieser würde monatliche Kosten in Form von Tilgung und Zinsen verursachen.

Möchtest Du jetzt eine Aktie von einer Firma erwerben, so kann das nicht im Supermarkt um die Ecke erledigt werden, sondern an einer Börse. Das ist auch nichts aufregendes, denn eine Börse ist vergleichbar mit einem großen Marktplatz. Auf diesem Markt werden jetzt keine Äpfel oder Birnen sondern Aktien, Anleihen, Fonds und andere Finanzprodukte gehandelt. Bekannte Handelsplätze sind z.B. die Frankfurter Wertpapierbörse, die London Stock Exchange oder die New York Stock Exchange (Wall Street) in den Vereinigten Staaten.

Einen kleinen Unterschied zu einem herkömmlichen Marktplatz gibt es aber schon. An einer Börse kann nicht ohne Geschäftsvermittler, dem sogenannten Broker, am Marktgeschehen teilgenommen werden. Der Broker fungiert dabei als eine Art Zwischenhändler. Er ist keine einzelne Person, sondern ein Unternehmen wie z.B. eine Bank. Diese erhält vom Kunden nun den Auftrag, eine bestimmte Aktie für ihn an der Börse zu zeichnen und erhält dafür eine Vermittlungsprovision, die Courtage.

Der Wert einer Aktie wird vor der ersten Ausgabe bei Firmengründung festgelegt und ergibt sich aus dem eingesetzten Eigenkapital und der Aktienstückzahl, welche ausgegeben werden soll. Firmen, die sich Kapital am Aktienmarkt beschaffen, können schon an ihrem Namen ausfindig gemacht werden. Dort findet sich das Kürzel AG, für Aktiengesellschaft. Mit dem festgelegten Preis und der daraus resultierenden Stückzahl geht das Unternehmen nun an die Börse. Dort können die Aktien erworben oder auch wieder verkauft werden. An dieser Stelle entsteht durch Angebot und Nachfrage der aktuelle Börsenpreis der Aktie. Durch den Handel kommt es zu Schwankungen im Wert des Wertpapiers. Ist die Nachfrage groß und die Geschäfte des Unternehmens laufen gut, steigt auch der Wert der Aktie und wird dadurch für alle nachfolgenden Käufer teurer.

Und genau hier gibt es als Anleger eine Möglichkeit Profit zu machen. Indem er günstig kauft und teuer verkauft. Niemand kann aber voraussehen, ob der Wert einer Aktie steigt oder fällt! Damit gibt es ein großes Risiko beim Kauf. Wer eine Aktie zeichnet und die passende Firma schreibt kurz darauf rote Zahlen, kann unschöne Überraschungen erleben. Wenn immer mehr Investoren diese Aktie verkaufen und der Börsenwert in kürzester Zeit dramatisch fällt, vielleicht das Unternehmen Insolvenz anmelden muss, würde der Wert der Aktie gegen Null sinken und der Totalverlust wäre da. Der umgekehrte Fall ist, die Firma macht immer mehr Umsätze, die Gewinne steigen und die Kurse schießen durch die Decke. Hallo Rendite und hallo Risiko.

WERTPAPIERE

Wenn von Wertpapieren die Rede ist, sind meistens Aktien, Fonds und Anleihen damit gemeint. Mit einem Wertpapier erhält man bestimmte Rechte. Bei einer Aktie wäre das z.B. das Stimmrecht in der Hauptversammlung oder das Recht auf Dividende. Im weitestgehenden Sinne ist auch eine Geldnote ein Wertpapier. Der Besitzer des Geldscheins hat das Recht, damit etwas zu kaufen. Aktien wurden früher noch als Urkunden herausgegeben.

Heute gibt es das so nicht mehr. Der Wertpapierhandel findet elektronisch statt. Das hat u.a. den Vorteil, dass ein Wertpapier nicht mehr ohne weiteres gestohlen werden kann und Aufträge an Broker in Bruchteilen von Sekunden ausgeführt sind. Wenn früher ein Wertpapier in Form einer Urkunde entwendet wurde, so war der Dieb der Inhaber mit allen zugehörigen Rechten.

ANLEIHEN

Anleihen sind Wertpapiere und werden auch als 'fest verzinsliche Wertpapiere' oder 'Renten' bezeichnet. Genau wie Aktien, können Anleihen über eine Bank oder an der Börse gekauft werden. Betrachten kann man eine Anleihe einfach als einen Kredit. Er wird einem Unternehmen oder einem Staat für eine bestimmte Zeit gewährt.

Als Gegenleistung werden Zinsen nach Ablauf der vereinbarten Laufzeit fällig, plus das eingesetzte Kapital in Höhe des Krediets. Das Risiko, dass der Kreditnehmer insolvent geht und damit zahlungsunfähig wird, ist auch hier wieder präsent. Anders als bei Aktien, ist der Kreditgeber kein Miteigentümer des Unternehmens oder eines Staates. Er verleiht lediglich sein Kapital gegen Zinsen.

SONDERVERMÖGEN

Bist Du bereits im Besitz von Wertpapieren, so gelten diese als Sondervermögen und unterliegen einem besonderen Schutz. Die Wertpapiere sind vom Besitztum der verwaltenden Kapitalanlagegesellschaften strikt getrennt.

Im Falle einer Insolvenz der investierenden Bank, des Brokers oder der Fondsgesellschaft, bleiben diese Wertpapiere davon unberührt. Das Vermögen vieler Investoren wird von einer Kapitalverwaltungsgesellschaft unter staatlicher Aufsicht unterhalten. So sind einmal erworbene Aktien als

Sondervermögen selbst bei Bankpleiten geschützt und bleiben unangetastet im Besitz des Investors.

WKN UND ISIN

Damit es beim Erwerb eines Wertpapiers an der Börse nicht zu Verwechslungen kommt, wird die WKN (Wertpapierkennnummer) verwendet. Diese Nummer kann mit der Bestellnummer eines Artikels in einem Katalog verglichen werden. Mit der WKN lässt sich jedes Wertpapier eindeutig identifizieren.

Um auch Papiere aus dem Ausland sicher zu unterscheiden, wurde 2003 die international gültige ISIN (International Securities Identification Number) eingeführt. Obwohl die WKN durch die ISIN abgelöst werden sollte, haben beide Nummern aktuell noch ihre Gültigkeit. Eine Aktie kann demnach sowohl über die WKN als auch über die ISIN an der Börse geordert werden. In beiden Fällen erhält man das gleiche Papier.

DIVERSIFIKATION UND ASSET ALLOCATION

Ohne Risiko kann es keine Rendite geben. Die Diversifikation (Verteilung) hilft aber, das Risiko zu verkleinern und gleichzeitig die Chancen auf Gewinne zu erhöhen. Statt alles auf eine Karte zu setzen und in ein einziges Investment zu gehen, wird das Kapital auf mehrere Geldanlagen aufgeteilt. Das ist die Sache mit dem einem Korb, der nie alle Eier enthalten sollte. Es ist wichtig, dass man sich des Risikos immer bewusst bleibt.

Verluste sind nur sehr schwer wieder auszugleichen. Ein Investor hat z.B. eine Aktie im Wert von 1000 Euro in seinem Depot. Diese verliert jetzt durch starke Kursschwankungen 50 Prozent an Wert. Um wie viel Prozent müsste diese Aktie nun steigen, damit sie wieder bei 1000 Euro angekommen ist? 50 Prozent ist hier die falsche Antwort. Es sind 100 Prozent! 1000 Euro minus 50 Prozent ergeben 500 Euro. 50 Prozent Wertsteigerung würden jetzt lediglich 750 Euro ergeben. Es ist daher besonders schwierig, Verluste wieder nach oben hin zu korrigieren. Das Geld sollte deshalb nie in nur einer Anlage stecken, sondern stets diversifiziert (in mehrere Bereiche aufgeteilt) werden.

Es ist wichtig darauf zu achten, dass bei der Aktienauswahl unterschiedliche Branchen gewählt werden. Die Palette ist groß und es ist sinnvoll breit zu streuen. Autoproduktion, Einzelhandel, Baustoffe, Dienstleistungen, Energie und Fluggesellschaften sind nur einige davon. Geht es einer ganzen Sparte wirtschaftlich schlecht und das eigene Kapital ist genau dort investiert, können die Aktien alle gleichzeitig an Wert verlieren. Wurde hingegen in verschiedene Branchen diversifiziert, hat man das Risiko gestreut und der Investor profitiert davon, dass andere Wirtschaftszweige im Kurs nicht fallen oder sogar steigen werden. Bei der Diversifikation können auch sichere Geldanlagen mit spekulativen Anlagen gemischt werden. In anderen Ländern oder sogar weltweit investiert zu sein ist ebenfalls ein Zeichen guter Diversifikation.

Die Asset Allocation (Anlagenaufteilung) geht noch einen Schritt weiter. Neben der Diversifizierung, teilt sie das Anlagevermögen zusätzlich noch in unterschiedliche Anlageklassen auf. Dies können neben Aktien auch Investmentfonds, Spareinlagen, Immobilien, Bargeld und Rohstoffe wie Edelmetalle (z.B. Gold) oder Öl sein.

TRANSAKTIONSKOSTEN

Jeder Kauf und Verkauf an der Börse kostet Gebühren in Form von Transaktionskosten und schmälert so die Rendite. Der Broker möchte selbstverständlich auch etwas verdienen. Er wird beim handeln sogenannte Ordergebühren berechnen. Es kann Ausgabeaufschläge geben und je nach Börsenplatz, kommen noch unterschiedlich hohe Handelsplatzgebühren oder Steuern hinzu. Um die Kosten niedrig zu halten, ist es wichtig nicht ständig hin und her zu handeln.

Hin und her macht Taschen leer. In dieser Börsenweisheit liegt viel Wahrheit. Das Zauberwort heißt 'langfristig' investieren. Wenn die Entscheidung für eine Aktie oder ein anderes Finanzprodukt gefallen ist, dann sollte diese Entscheidung wohl überlegt und endgültig sein. Wir wollen nicht spekulieren, sondern investieren. Selbst wenn der Kurs einmal für eine längere Zeit nach unten rauscht. 5 oder sogar 10 Jahre kann es durchaus mal bergab gehen am Markt. Dann Nervenstärke zu beweisen ist die große Herausforderung, der viele Investoren nicht gewachsen sind. Sie machen dann den großen Fehler und verkaufen mit riesigen Kursverlusten. Frei nach dem Motto, lieber jetzt verkaufen als noch mehr Geld zu verlieren. Der psychologische Druck durch einen fallenden Kurs wird immer größer, bis schließlich die falsche Entscheidung fällt.

Wenn die Kurse an der Börse niedrig sind, heißt das nicht verkaufen, sondern durchhalten und abwarten. Um noch einen drauf zu setzen: Jetzt wäre der richtige Zeitpunkt um zu kaufen! Denn wenn die Kurse niedrig sind, sind auch die Preise an der Börse niedrig. In diesen Zeiten bekommt man für sein Geld jetzt mehr Aktienanteile. Wer nun kauft, wird sich langfristig über eine Erholung des Marktes und dem damit verbundenen Profit erfreuen dürfen.

DEUTSCHER AKTIENINDEX (DAX)

Tausend mal gehört, aber was ist eigentlich der DAX? Er fasst den Kurs der 30 umsatzstärksten deutschen Aktiengesellschaften (z.B. Daimler, Siemens, Lufthansa, BASF usw.) in einem einzigen Index zusammen.

Der Index ist dabei einfach nur eine Kennzahl. Diese gibt die Entwicklung aller betreffenden Aktien als einen Gesamtwert wieder und wird häufig als grafischer Chart dargestellt. An der Börse gilt er als ein Stimmungsbarometer. Steigt dieser Index (auch Börsenindex genannt), wird das als ein positives Signal für die wirtschaftliche Stimmung in Deutschland angesehen. Wenn in den Nachrichten davon die Rede ist, dass der DAX heute mit 3 Punkten im Minus aus dem Handel gegangen ist, bedeutet es nichts anderes, als dass der Deutsche Aktienindex um die Zahl 3 innerhalb eines Handelstages an der Börse gefallen ist.

Das elektronische Handelssystem XETRA (Exchange

Electronic Trading) erfasst den DAX und bildet ihn in Echtzeit ab. Neben ihm gibt es noch viele weitere Indizes wie z.B. den MDAX, SDAX oder TecDAX. Der DAX ist aber für Deutschland der Wichtigste und darf sich deshalb auch Leitindex nennen. In anderen Ländern gibt es ebenfalls Leitindizes. So existieren in den USA u.a. der Dow Jones oder in Japan der Nikkei.

BID, ASK UND SPREAD

Beim Wertpapierhandel an den Börsen bieten (Bid) Verkäufer ihre Aktien für den Preis an, zu dem sie bereit sind zu verkaufen. Wenn Käufer den aktuellen Preis einer Aktie an der Börse anfragen (Ask), ist das der Preis, zu dem sie bereit sind zu kaufen. Das Kaufangebot (Bid) wird im Deutschen 'Geldkurs' und das Preisangebot (Ask) 'Briefkurs' genannt. Der Bezieher zahlt immer den Briefkurs. Möchte der Besitzer des Wertpapiers wieder verkaufen, so orientiert er sich am Geldkurs. Keine Panik, das bringen selbst Profis gerne durcheinander.

Die Spanne zwischen Bid und Ask wird Spread genannt. Kleines Beispiel: Wertpapier X hat einen Ask-Kurs von 10 Euro und einen Bid-Kurs von 8 Euro. Der Spread beträgt dann (10 minus 8) 2 Euro. Er kann sich laufend ändern und hängt hauptsächlich vom aktuellen Handelsvolumen ab. Sowohl Käufer als auch Verkäufer zahlen den Spread. Je liquider der Markt ist und je mehr Personen an der Börse dieses Wertpapier gerade handeln möchten, desto kleiner wird der Spread. Der Handel mit Wertpapieren sollte, sofern an einer europäischen Börse bedient wird, tagsüber geschehen.

Dann sind viele Börsenplätze geöffnet und belebt. Für alle Handelsteilnehmer gilt: Je geringer der Spread, desto niedriger sind die Kosten und desto größer ist die Rendite.

DIE VOLATILITÄT

Im Finanzwesen bezeichnet die Volatilität, die Intensität einer Kursschwankung. Je größer diese Schwankung ist, desto volatiler ist der entsprechende Wert und je größer ist das damit verbundene Anlagerisiko. Wird eine Aktie für 10 Euro gezeichnet und steigt sie unmittelbar auf 18 Euro an, nur um kurz darauf wieder auf 5 Euro zu fallen, so ist diese Aktie sehr volatil. Sie schwankt stark im Wert. Das kann natürlich rasend schnell einen ertragreichen Profit, bei einem zeitlich korrektem Ein- bzw. Ausstieg einbringen. Leider kann das an selbiger Stelle zu einem großen Verlust führen.

Die Volatilität errechnet sich aus den bisher gemessenen Schwankungen (historische Volatilität) und aus den erwarteten Schwankungen (implizite Volatilität). Sie wird als Durchschnittswert (Standardabweichung) in Prozent pro Jahr angegeben. Für unsere Zwecke reicht es aber völlig aus, zu wissen, dass die Volatilität eines Wertpapiers, die Stärke seiner Wertschwankung beschreibt.

DIE LIQUIDITÄT

Wenn Du zahlungsfähig bist und jederzeit alle Verbindlichkeiten begleichen kannst, dann bist Du liquide oder umgangssprachlich auch 'flüssig'. Liquidität ist dabei die Fähigkeit, Wirtschaftsgüter umgehend gegen andere Wirtschaftsgüter eintauschen zu können. Das Tauschmittel dafür ist in der Regel das Geld.

Soll etwas verkauft werden und die Zahl der Interessenten ist ausreichend hoch, wird es keine Probleme beim Handeln geben und alle Beteiligten werden sich finden. Finanzmärkte gelten als liquide, wenn unverzüglich und kostengünstig Orderaufträge ausgeführt werden können und ein marktgerechter Preis erzielt wird. Das Gegenteil der Liquidität ist die Illiquidität. Wir bleiben aber besser liquide.

INVESTMENTFONDS

Investmentfonds oder einfach nur Fonds, sind ein hervorragendes Werkzeug, um das Risiko beim Investieren zu streuen. Besonders, wenn nur wenig Kapital zum Anlegen übrig ist. Ein Fonds, der übrigens auch im Singular mit einem 's' im Namen geschrieben wird, bündelt mehrere Wertpapiere und schnürt daraus ein neues Paket, in welches angelegt werden kann. Der Anleger ist mit wenig Eigenkapital automatisch in vielen Firmen, deren Aktien im Fonds enthalten sind, investiert. Er erwirbt, nicht wie bei Zeichnung einer Aktie nur einen Wert, sondern viele Aktien anteilig.

Bricht nun ein Wertpapier im eigenen Depot stark ein, so ist das innerhalb eines Fonds gut verkraftbar, da andere Werte nicht fallen oder sogar steigen und den Verlust abfedern werden. Fonds haben auch kein Emittentenrisiko. Das bedeutet, das Vermögen eines Fonds ist wie bei Aktien als Sondervermögen im Insolvenzfall des Fondsanbieters geschützt.

Geschnürt und verwaltet wird ein Fonds von einer Kapitalanlagegesellschaft. Ein großer Nachteil sind bei Fonds leider die Verwaltungsgebühren, Provisionen und Ausgabeaufschläge. Ein aktiv gemanagter Fonds unterhält zudem einen Fondsmanager, welcher entlohnt werden will. Dieser entscheidet fortwährend, welche Wertpapiere für den Fonds gekauft oder verkauft werden sollen. Ziel des Fondsmanagers ist es, den Markt zu schlagen. Den Markt schlagen bedeutet, besser abzuschneiden, als der Vergleichsindex. Im Beispiel eines Fonds, der alle DAX-Aktien hält, versucht der Manager besser zu sein als der DAX. Studien belegen aber, dass über 80% der aktiv gemanagten Fonds, den Markt aber eben nicht schlagen! Jetzt fragst Du Dich zu Recht, warum dann Geld für einen Fondsmanager ausgeben? Wer profitiert denn eigentlich davon, dass ein Manager mit einer 20 prozentigen Erfolgschance bezahlt wird? Ein Schelm, wer hier böses denkt.

Erworben werden kann ein Fonds bei einem Fondsvermittler oder der Bank. Es werden ausschüttende und thesaurierende Fonds unterschieden. Ausschüttende zahlen anfallende Dividende aus. Thesaurierende reinvestieren die Gewinne gleich wieder. Das kann zu einem schnellerem Kurswachstum oder einer höheren Endrendite nach längerer Laufzeit des Fonds führen. Denn die Unternehmensgewinne unterliegen bei sofortiger Re-Investition dem Zinseszinseffekt. Fonds gibt es für die unterschiedlichsten Asset-Klassen wie Renten-, Misch-, Aktien-, Rohstoff-, Immobilien- oder Dachfonds. Dachfonds bündeln mehrere Fonds zu einem Neuen zusammen. Wir lassen aber die Kirche im Dorf und erwähnen zu guter Letzt die offenen und geschlossenen Fonds.

Ein offener Fonds kann beinahe täglich an die Fondsgesellschaft zurückgegeben (verkauft) werden. Bei einem geschlossenem Fonds trägt der Investor aber ein erhöhtes Risiko! Er wird mit dem geschlossenem Fonds bei Verlust nachschusspflichtig und trägt zudem noch ein Unternehmerrisiko. Nachschusspflicht bedeutet, er wird verpflichtet zusätzliches Geld in den Fonds einzuzahlen. Es kann zwar eine vorab vereinbarte Obergrenze geben, aber das Haftungsrisiko als Mitunternehmer bleibt bestehen und ein täglicher Verkauf dieses Fonds ist ebenfalls nicht möglich.

Gibt es keine offenen Fonds ohne Ausgabeaufschlag und ohne aktives Management? Doch, seit dem Jahr 2000 gibt es diese tatsächlich in Form von börsengehandelten Fonds. Sie schimpfen sich 'Exchange Traded Funds' oder abgekürzt ETF. Im nachfolgenden Kapitel solltest Du jetzt gespannt aufpassen, da diese ETFs Teil Deiner Vermögensaufbaustrategie werden sollen.

ETF (EXCHANGE TRADED FUND)

Ein ETF ist ein börsengehandelter Fonds. Das bedeutet, jeder Anleger kann einen ETF wie eine Aktie an der Börse handeln. Ein ETF gilt ebenfalls als Sondervermögen. Erster Unterschied zum Investmentfonds, ist der Ausgabeaufschlag. Dieser entfällt beim ETF komplett und würde bei herkömmlichen Fonds im Normalfall stolze 5% betragen. Diese Prozente werden sofort eingespart und sich als Zubrot zum Vermögensaufbau einverleibt. Es gibt auch keine Verkaufsprovision für den Bankberater, weswegen ETFs wohl auch nicht gerne beworben werden. Nun wurde schon beim Kauf Geld eingespart, welches unserem Zinseszins-Effekt zu Gute kommen wird. So ist der Aufschlag von Anfang an im eigenen Investment und vermehrt sich exponentiell. Viel besser, als dass es in anderen Hosentaschen verschwindet.

Ein ETF versucht gar nicht erst den Markt zu schlagen und verzichtet daher auf ein aktives Management, welches wiederum Kosten einspart und wie bereits bekannt, in über 80% aller Fälle sowieso keine Überrendite erbringt. Stattdessen bildet ein ETF die Wertentwicklung eines Indexes, wie z.B. den DAX ab. Wie bitte? Wer bildet was ab? Kleines Beispiel: Eine Fondsgesellschaft schnürt einen ETF mit allen 30 Aktienunternehmen aus dem DAX zusammen. Dabei kauft die Fondsgesellschaft von allen DAX-Unternehmen tatsächlich Aktien und packt sie alle zusammen in einen Topf. Es wird jetzt geschaut, mit wie viel Prozent Marktkapitalisierung jedes enthaltene Unternehmen im DAX vertreten ist und wie die Gesellschaft dementsprechend die Stückzahl der Aktien pro Aktienunternehmen gewichten bzw. zeichnen muss. Hat sie die Aktienanteile aller Unternehmen korrekt bewertet und im Topf untergebracht, steigt und fällt der ETF jetzt nahezu eins zu eins mit dem Kurswert vom DAX. Es entscheidet nun kein Fondsmanager, welche und wie viele Aktien gehandelt werden sollen. Diese Entscheidung ist alleine von der Wertentwicklung des Indexes, in diesem Fall dem DAX abhängig. Durch dieses passive Management entstehen nur wenig Kosten für die Verwaltung eines ETFs. Ganz ohne geht es dann aber leider doch nicht. Die Fondsgesellschaft gibt die jährlichen Gebühren für einen ETF, als sogenannte Gesamtkostenquote oder auch TER (Total Expense Ratio) in ihrem Verkaufsprospekt bekannt. Als Daumenregel gilt, je grösser und liquider ein ETF ist, desto kleiner ist die TER. Im Durchschnitt liegt sie ca. zwischen 0% und 1% pro Jahr und ist damit, gerade im Vergleich zu anderen Anlagen, als moderat verkraftbar.

Wenn die Fondsgesellschaft alle Aktien des ETFs tatsächlich zeichnet, nennt man das physische Abbildung. Neben der physischen-, gibt es noch swapbasierte- und synthetische Replikationen. Da dieses Buch aber keinen Anspruch hat, mit einer Doktorarbeit zu konkurrieren, konzentrieren wir uns hier nur auf physische ETFs. Wie bei Aktien oder Fonds, gibt es auch bei den ETFs thesaurierende- und ausschüttende Varianten. Diese Information wird ebenfalls im Verkaufsprospekt und auf der Webseite des Anbieters angegeben. Die Wahl, ob nun ein Thesaurierender oder ein Ausschüttender genommen werden soll, hängt ganz von der angedachten Strategie ab. Ist es wichtig, regelmäßig ein passives Einkommen zu generieren, fällt die Wahl auf einen Ausschüttenden. Soll der Zinseszins möglichst optimal genutzt werden, fällt die Entscheidung auf einen Thesaurierenden. Zusammenfassend scheint ein ETF eine interessante und kostengünstige Möglichkeit, für langfristige und gut diversifizierte Investitionen zu sein.

Vielleicht kommt der eine oder andere jetzt auf die Idee einen ETF einfach zu umgehen, sich die jährlichen Gebühren (TER) zu sparen und selbst einfach alle DAX-Aktien aus dem Topf zu zeichnen. An sich ein guter Gedanke. Wenn da nicht noch die verflixten Ordergebühren wären. Jeder Kauf oder Verkauf lässt beim Broker die Kassen klingeln. Wenn nun alle 30 Aktientitel einzeln gezeichnet werden, fallen für jede einzelne Transaktion Ordergebühren plus evtl. weitere Entgelte an. Bei einem ETF hingegen wird einmalig die Ordergebühr gezahlt und alle 30 Aktientitel befinden sich auf einem Schlag im Depot.

BULLEN- UND BÄRENMARKT

An der Börse steht der Bulle symbolisch für steigende Kurse, weil er mit seinen Hörnern von unten nach oben stößt. Der Bär schlägt mit seinen Pranken von oben nach unten und steht somit für fallende Kurse. Bulle und Bär stellen sinnbildlich den ständigen Kampf an der Börse zwischen Käufern und Verkäufern dar. Die Käufer sorgen für steigende Kurse, die Verkäufer für Fallende.

Wenn die Börsenkurse innerhalb einer längeren Periode steigen, spricht man von einem Bullenmarkt. Fallen sie für einen langen Zeitraum, ist es ein Bärenmarkt. Stürzen die Kurse zu schnell und zu tief ab, kommt es zu einem Börsencrash wie im Jahre 2008.

GESETZLICHE EINLAGENSICHERUNG

Wie sicher ist das Geld bei der eigenen Hausbank auf dem Giro-, Fest- oder Tagesgeldkonto innerhalb Deutschlands? Ist es nach einer Bankenpleite komplett weg und man steht mit leeren Händen da? Für so einen Fall gibt es die gesetzliche Einlagensicherung. Guthaben auf dem Konto bis zu einer Höhe von 100.000 Euro pro Person und Bank werden darüber abgesichert. Dabei handelt es sich um ein Versprechen der Politik, den 'kleinen' Sparer im Ernstfall zu schützen und zu entschädigen. Jeder Euro darüber hinaus, fällt nicht mehr unter diesen Schutz. Existiert ein höheres Guthaben auf der Bank, kann aber ein kleiner Trick angewandt werden. Das private Gesamtvermögen wird dafür auf mehrere Banken verteilt, sodass auf keinem Konto pro Bank mehr als 100.000 Euro verwahrt sind. Die Versicherung gilt dann wieder pro Bank und Kunde bis zur o.g. Summe. Dieses Vorgehen ist wie so oft der Diversifizierung geschuldet. Ungesichert 500.000 Euro verteilt auf 5 Banken (100.000 Euro pro Bank) ergibt abgesicherte 500.000 Euro.

Wertpapiere wie Aktien sind bei einer Bankenpleite durch die Tatsache geschützt, dass es sich dabei bekanntlich um Sondervermögen handelt. Das Depot der insolventen Bank wird einfach von einer anderen Depotbank übernommen und es gibt für diese Anlagen keinerlei Verluste zu verzeichnen.

DURCHSCHNITTSKOSTEN-EFFEKT

Der Durchschnittskosten-Effekt (Cost-Average-Effect) bewirkt, dass bei Kursschwankungen im Durchschnitt ein günstigerer Preis erzielt werden kann, als durch ein einmaliges Investment. Die große Frage lautet dabei stets: Wann ist ein guter und wann ein schlechter Zeitpunkt, um ein Wertpapier an der Börse zu erwerben? Diese Information kann einem aber niemand geben. Wird beispielsweise eine größere Summe in Aktien investiert und fällt darauf der Kurs, ist ein Verlust bereits realisiert. Der Idealfall wäre, dass nach dem Erwerb die Kurse steigen. Spekulation lässt grüßen.

Gehen wir den goldenen Mittelweg und investieren in regelmäßigen Abständen, mit immer der gleichen Teilsumme. Das Resultat ist, nie den günstigsten, aber auch nie den teuersten Zeitpunkt zu erwischen. Über eine gewisse Zeitspanne hinweg wird auf diesem Wege ein moderater Durchschnittspreis erzielt. Während der Bildung dieses Durchschnittspreises, wurde das eigene Risiko durch den Cost-Average-Effect minimiert. In Bärenmärkten kann die zusätzliche Überlegung angestellt werden, eine höhere Anzahl von Anteilen zu erwerben. Der Anleger erhält auf diese Weise, für den gleichen Geldbetrag mehr Anteile.

Um diesen Effekt nochmals zu puschen, kann der Folgebetrag erneut erhöht werden. Folgt ein Bullenmarkt, werden zukünftige Beträge wieder auf den ursprünglichen Wert angeglichen. Wir wollen aber den Autopiloten und das passive Einkommen nicht vergessen. Deshalb rate ich an dieser Stelle, sich für einen festgelegten Geldbetrag zu entscheiden. Dieser sollte nach eigenem Ermessen, unter Berücksichtigung der persönlichen Liquidität, ausgewählt und auf Dauer dann so belassen werden. Aber es entstehen doch bei jedem Kauf Brokergebühren? Das kann sich doch so überhaupt nicht rechnen, oder? Doch, mit einem kleinen einfachen Trick, in Form eines kostenlosen Wertpapiersparplans.

DER WERTPAPIERSPARPLAN

Mit einem Wertpapiersparplan erhält man eine simple Methode an die Hand, bei geringen bis gar keinen Brokergebühren, regelmäßig in Wertpapiere zu investieren. Dabei kann ein solcher Sparplan, je nach ausgewähltem Broker, schon ab einem Mindestbetrag von 25 Euro pro Sparrate abgeschlossen werden. Die Sparplandauer wird bei Abschluss nicht festgelegt. Der Plan bietet eine Auswahl aus einzelnen Aktien, Fonds, ETFs oder anderen Finanzprodukten an. Nicht alle an der Börse gehandelten Werte sind auch sparplanfähig. Es gibt aber eine mehr als ausreichende Menge, die es sind.

Die Sparpläne können monatlich, alle zwei Monate oder vierteljährig bespart werden. Bei einer vierteljährigen Ansparrate von 25 Euro, würde unsere Summe X gerade einmal 8,33 Euro im Monat betragen. Das schafft nun wirklich jeder ohne Probleme. Einige Banken bieten sogar halbjährliche- und jährliche Zahlungsintervalle an. Der angelegte Geldbetrag kann ohne Gebühren angepasst werden. So ist es jederzeit möglich, die Sparsumme beim nächsten Einzahlungstermin nach oben oder unten zu korrigieren. Es gibt beim Wertpapiersparplan keinerlei Kündigungsfristen, die einzuhalten wären. Per Mausklick wird online bei der Bank ein Sparplan erstellt, geändert oder gelöscht. Nach einer Löschung ist dieser auch mit sofortiger Wirkung nicht mehr existent. Die bereits erworbenen Wertpapiere verbleiben natürlich im eigenen Depot verbucht, sind geschütztes Sondervermögen und gehören dem Einzahler.

Immer wieder starten Banken Aktionen, um sich selbst und ihre Wertpapier-Sparpläne zu bewerben. Diese werden dann meistens völlig kostenlos angeboten. Was soll damit erreicht werden? Ganz einfach, die Banken möchten neue Kunden akquirieren, die sich auf diese Weise mit den Regeln an der Börse vertraut machen und in Zukunft das eine oder andere Finanzprodukt handeln könnten. Die Banken verdienen dadurch nachhaltig zu einem späteren Zeitpunkt an den Ordergebühren. Es gilt also die kostenlosen Angebote der Wertpapier-Sparpläne zu finden und diese regelmäßig zu besparen. Ein netter Nebeneffekt: Durch die regelmäßigen Einzahlungen, ist hier der Durchschnittskosteneffekt beim Wertpapiersparplan bereits eingebaut.

ABGELTUNGSSTEUER UND FREISTELLUNGSAUFTRAG

Wer gerne mehr Steuern zahlt als er eigentlich bräuchte, der kann diesen Abschnitt flink überspringen. Auf Einkünfte aus Kapitalerträgen, muss dem Finanzamt die Abgeltungssteuer in Höhe von 25% plus dem Solidaritätszuschlag von 5,5% abgeführt werden. Je nach Bundesland, können noch einmal 8 bis 9 Prozent an Kirchensteuer dazu kommen. Diese Steuer wird direkt von der Bank vom Ertrag abgezogen und an das Finanzamt überwiesen. Es gibt allerdings einen Freibetrag pro Jahr in Höhe von 801 Euro pro Person, der nicht versteuert werden muss. Dafür wird ein Freistellungsauftrag benötigt. Dieser kann bei der eigenen Bank angefordert und ausgefüllt wieder zurück gesendet werden. Der Antrag steht in der Regel als Download auf der jeweiligen Internetseite des Kreditinstitutes bereit. Das war es schon.

Ab diesem Moment brauchen Zinsen oder Dividenden, bis zu einem Freibetrag von 801 Euro (bei Verheirateten 1602 Euro) nicht versteuert werden und fließen steuerfrei in die eigene Tasche. Die Bank führt keine Abgeltungssteuer, keinen Solidaritätszuschlag und auch keine Kirchensteuer mehr ab. Der Freistellungsauftrag ist so lange gültig, bis er vom Antragsteller geändert wird. Ein kleiner bürokratischer Arbeitsaufwand, der sich finanziell aber durchaus lohnt.

PHYSISCHES GOLD ALS SICHERER HAFEN?

Wieso wird bei Gold immer von einem sicheren Hafen gesprochen? Schaut man zurück auf die Geschichte, so sind Währungen gekommen und gegangen. Der Wert eines Geldscheins hängt immer aktuell von der Stärke der jeweiligen Währung ab und ob er als Zahlungsmittel im jeweiligen Land akzeptiert wird. Als physisches Gut, hält man aber nur ein Stück Papier in der Hand! Bei Gold sieht die Sache anders aus. Besitzt Du Gold, so hat dies unabhängig jeglicher Währungen und aufgrund der Tatsache, dass es auf der Erde ein knapper endlicher Rohstoff ist, immer auch einen physischen Wert. Der Goldpreis schwankt ebenso wie Währungen. Dabei bleibt das glänzende Metall aber wertbeständig. Zu Zeiten großer Not wurde in der Vergangenheit immer und global mit dem Edelmetall gezahlt und gehandelt. Solange kein riesiger Komet aus purem Gold auf der Erde einschlägt und das Goldvorkommen damit drastisch erhöht, wird es auch in der Zukunft als wertstabiles Tauschmittel eingesetzt werden können.

Problematisch am Goldbesitz ist die Lagerung. Sollte ein sicherer Tresor zur Aufbewahrung vorhanden sein, ist das schon einmal ein Pluspunkt. Banken bieten als Dienstleistung die Aufbewahrung, in eigens dafür eingerichteten Sicherheitsbereichen, von Gold an. Das verursacht, wie soll es anders sein, regelmäßige Kosten und Gebühren. Den funkelnden Schatz im Garten zu vergraben ist dabei auch keine wirklich gute Lösung. Die Aufbewahrung von Gold ist folglich eine Herausforderung. Wird es aber trotzdem für Krisenzeiten angeschafft, sollte ein weiter Punkt bedacht werden. Wie können die großen Goldbarren gegen Nahrungsmittel getauscht werden? Ein Barren Gold für 1000 Jahre Brot vom Bäcker im Voraus? Für Kleidung oder Trinkwasser bleibt nun leider kein Goldklumpen mehr übrig. Die Stückelung ist entscheidend. Es bieten sich daher kleinere Goldmünzen zwingend an. Diese zu erwerben ist aber wesentlich teurer, als die Anschaffung einer größeren Menge in Form eines Barrens. In den Münzen steckt Arbeitskraft, die in Form von Schmelzen, abwiegen, prägen usw. beim Kauf mitbezahlt werden muss.

Bevor investiert wird, ist die Frage zu klären, ob Gold als Zahlungsmittel für schlechte Zeiten oder als Geldanlage fungieren soll. Bei einer Geldanlage ist der Barrenkauf aus Kostengründen die bessere Wahl. Leider zahlt Gold keine Dividende oder bringt Zinszahlungen ins Depot. Trotzdem verkaufen viele Anleger, gerade wenn es einen Bärenmarkt an den Börsen gibt, einen Teil ihres Aktien-Portfolios, um den Wert umzuschichten und ihr Geld in Form von Gold zu parken. In Hochzeiten der Bullenmärkte, wird der Prozess umgekehrt und das Schiff verlässt den sicheren Hafen wieder.

In der Vergangenheit war der Besitz und der Handel mit Gold in vielen Ländern durch Politik und Regierung mehrfach verboten worden. Namentlich bekannte Besitzer wurden systematisch, unter Androhung von Zwangsmaßnahmen, zur Abgabe ihrer Goldrücklagen aufgefordert. Da sich die Geschichte leider nur zu gerne in vielen Lebensbereichen wiederholt, darf man an der Aussage Gold wäre ein sicherer Hafen, durchaus ein paar Zweifel anmelden.

MORALISCHE BEDENKEN

Mitunter hörst Du vielleicht den einen oder anderen sagen, es sei moralisch verwerflich, in bestimmte Unternehmen zu investieren. Mit dieser Meinung liegen viele mitunter sogar richtig. Was sie dabei aber nicht bedenken ist folgendes. Das Geld auf den Giro- und Tagesgeldkonten schlummert nicht einfach auf der Bank vor sich hin. Die Banken arbeiten mit den Geldern und investieren diese. Der einfache Bankkunde weiß aber in keinem Fall, in welches Unternehmen sein Geld gerade fließt.

Anders ist es, wenn der Investor sich ganz gezielt bestimmte Unternehmen heraus sucht, die für ihn ethisch und moralisch korrekt erscheinen. So bleibt der Bank auf dem Giro- oder Tagesgeldkonto weniger oder gar kein Kapital zum investieren übrig. Es ist ja bereits durch den Anleger in ein Unternehmen seiner Wahl geflossen. Da beißt sich die Katze in den Schwanz, denn der Geldgeber kann seine ethischen- und moralischen Wertvorstellungen in die Investmentüberlegung mit einfließen lassen und sollte das auch. Der konservative Girokontonutzer kann das nicht und lässt seine Bank mit seinem Geld indirekt genau das tun, was er dem Investor vorwirft. Er investiert womöglich passiv in Unternehmen, die er selbst moralisch oder ethisch als verwerflich einordnen würde. Dies könnten beispielsweise Rüstungsgüter oder der Handel mit Drogen sein.

PASSIVES- UND AKTIVES INVESTIEREN

Beim aktiven Investieren wird versucht, den besten Ein- und Ausstiegszeitpunkt für ein Wertpapier an der Börse zu finden. Dafür stehen dem Anleger bestimmte Methoden, wie die technische Analyse historischer Kursdaten oder die Verwendung von Stock-Screenern zur Verfügung. Stock-Screener sind Programme, mit einer angeschlossener Datenbank. Mit diesen Programmen lassen sich Aktiengesellschaften untereinander vergleichen. In der dazugehörigen Datenbank werden die Unternehmen mit ihren zugehörigen Kenngrößen erfasst. Wichtige Kriterien können dabei wirtschaftliche Aspekte wie erzielter Überschuss, Kurs-Gewinn-Verhältnis, Jahresumsatz und viele weitere sein. Diese Informationen lassen sich aus den veröffentlichten Geschäftsberichten der einzelnen Unternehmen ersehen. Dabei wird sofort eines sehr deutlich. Die Analyse eines einzelnen Unternehmens, erfordert sehr viel Zeit und ein großes Spektrum an einschlägigem Fachwissen. Ein aktiver Investor wird immer versuchen, eine möglichst hohe Rendite aus seinem Handeln heraus zu erzielen. Dabei wird er stets bemüht sein, den Markt zu schlagen und statistisch, wie schon vorher erwähnt, in über 80 Prozent der Fälle scheitern.

Wir möchten hier weder den Markt schlagen, noch uns intensiv mit der Materie auseinandersetzen. Es soll Vermögensaufbau betrieben werden. Und das mit wenig Arbeitsaufwand und noch weniger Risiko. Also wird unsere volle Konzentration auf das passive Investieren gelegt. Sinn macht hier, sich beispielsweise passiv am Weltwirtschaftswachstum in Form eines 'MSCI-World ETFs' (MSCI steht hier für den Finanzdienstleister Morgan Stanley Capital International), welcher ca. 1600 Unternehmen weltweit beinhaltet, zu beteiligen. Warum weltweit? Die Antwort lautet auch hier wieder Diversifikation. In einen ETF zu investieren, benötigt weder einschlägiges Finanzfachwissen, noch intensives Zeitmanagement oder den Aufwand einen Geschäftsbericht zu studieren.

Jetzt muss noch einmal ein psychologischer Aspekt angesprochen werden. Wir haben schon im Kleinkindalter gelernt, aktiv zu handeln wenn in irgendeiner Form eine gestellte Aufgabe zu lösen war. Diese Art des Vorgehens begleitet die Menschen durch die gesamte Schulzeit, Ausbildung, Studium und begegnet ihnen auch im alltäglichen Leben. Um aber langfristig an der Börse Erfolg zu haben, muss man mit diesen Regeln brechen. Hier heißt es: Tue eben gar nichts. Untätig zu sein haben wir aber nie gelernt. Genau das verleitet viele Investoren zum Handeln nur um des Handelns wegen. Wenn jetzt noch auf sogenannte Experten oder den Schlagzeilen einiger Fachzeitschriften gehört wird, ist ein Misserfolg vorprogrammiert. Niemand weiß, wie sich zukünftig Kurse entwickeln werden. Keine Zeitschriften und auch keine Experten wissen das. Die Berichte und Meinungen sollen vor allem eines bei den Investoren bewirken: aktiv werden. "Handelt jetzt, bevor Ihr all Euer Geld verliert!" heißt es da übersetzt.

Angst zu schüren, um Leute zu Abschlüssen zu bewegen, ist in vielen Wirtschaftsbereichen ein gern eingesetztes Mittel. Warum sollten wir also jetzt aktiv handeln, wenn doch niemand auf Erden eine funktionierende Kristallkugel zur Verfügung hat und wir diese Information gar nicht haben? Die Antwort auf diese Frage findet sich ganz leicht. Denn die bereichsübergreifende und universal einsetzbare Fragestellung dafür lautet ganz einfach: Wer profitiert von diesen Aussagen, man möge doch jetzt unbedingt schnell und im wahrsten Sinne des Wortes 'handeln'? Es ist ein lukratives Geschäftsmodell der Banken und Broker.

REGRESSIONSEFFEKT (REGRESSION ZUR MITTE)

Was besagt die Regression zur Mitte und wie kann dieser Effekt für den eigenen Vermögensaufbau genutzt werden? Der Regressionseffekt findet sich häufig im Bereich der Statistik wieder. Für viele bereitet das jetzt schon Kopfschmerzen und erinnert vielleicht an unschöne Mathematikstunden in der Schule. Darum lassen wir den Wissenschaftskram mal weg und nehmen einfach die Kernaussage der Regression zur Mitte wahr. Diese besagt, dass sich über einen gewissen Zeitraum gesehen, positive und negative Zahlenwerte auf einem arithmetischen Mittelwert einpendeln. Als Beispiel: Wenn die eigenen Kinder größer sind als Du, bedeutet das nicht dass deren Kinder noch größer werden. Wahrscheinlicher ist es eher, dass sie wieder kleiner sein werden und sich einem Mittelwert nähern.

An der Börse gibt es diesen Effekt ebenfalls. Hier muss der DAX wieder als Beispiel herhalten: Seit bestehen des selbigen, schwanken die Kurse teilweise erheblich. Es geht übertrieben nach oben und wieder ängstlich nach unten. Was dabei aber auffällt ist, er pendelt sich auf einem bestimmten Level ein. Grafisch betrachtet ist dieser Mittelwert aber keine horizontale Linie, sondern eine durchweg leicht ansteigende Kurve. Trotz Börsencrashs, Krisen, Kriegen oder Terroranschlägen hat sich daran nie etwas geändert. Das lässt sich auch an einem weiteren Punkt kontrollieren. Schauen wir uns die historischen Daten vom DAX an und wählen einen beliebigen Zeitpunkt aus. An dieser Stelle investieren wir virtuell und blicken 10 Jahre in die Zukunft. Was fällt auf? Egal zu welchem Zeitpunkt man eingestiegen wäre, in den allermeisten Fällen wäre ein Gewinn realisiert worden. Es gibt kaum einen 10 Jahresabschnitt mit einem Verlust für den Anleger. Wird der Zeitraum auf 20 Jahre erweitert, findet sich nicht ein einziger Zeitpunkt mit roten Zahlen. Diese Betrachtung ist eine fundamentale Erkenntnis und spricht für eine langfristige Investitionsstrategie (buy and hold) beim Vermögensaufbau.

Es macht also absolut Sinn, möglichst früh und langfristig anzulegen, nicht hin und her zu handeln und vor allem, trotz Börsencrash investiert zu bleiben! Befinden sich dazu Dividendentitel im Depot, kann man sich auch weiterhin an diesen erfreuen. Diese werden von den meisten Unternehmen auch in schlechten Wirtschaftszeiten weiter ausgezahlt. Diese psychologische Krücke in Form von Dividenden, kann beim entspannt bleiben in Krisenzeiten sehr hilfreich sein. Vielleicht gibt es jemanden im nahen Bekanntenkreis, der viel Geld an der Börse verloren hat. Es wäre interessant die näheren Details zu erfragen, wie es zu dem Verlust gekommen ist. Mit großer Wahrscheinlichkeit wird der Grund entweder zu viel hin und her gehandelt gewesen sein oder es wurde zu früh in Panik vor weiter fallenden Kursen verkauft. Der Regressionseffekt ist aber bei einer langfristigen Investition am Finanzmarkt auf der Seite des Anlegers. Der Feind ist meist der Investor selbst, weil er dem psychischen Druck nicht auf Dauer gewachsen ist, zu sehen wie das eigene Depot jahrelang weiter und weiter in den roten Zahlen versinkt. Bis er schließlich zum absolut ungünstigsten Zeitpunkt aus dem Markt aussteigt.

P2P-KREDITE

P2P, Peer to Peer oder Person zu Person. Alle Bezeichnungen beschreiben das gleiche Thema. Es geht um Kreditvergabe von Privatpersonen an Privatpersonen. Wer schon einmal einen Kredit bei einer Bank aufgenommen hat, den wird es vielleicht interessieren, wie es sich anfühlt die Seiten zu wechseln und selbst einmal die Rolle der Bank einzunehmen. Im klassischen Bankgeschäft werden die Einlagen der Kunden in Form von Krediten an Kreditnehmer gegen vereinbarte Zinszahlungen vergeben. Das Ausfallrisiko eines Kredites, trägt dabei die Bank. Wie kann nun die Rolle der Bank übernommen werden bzw. wie kann von den Zinszahlungen profitiert und gleichzeitig dabei das Risiko als Investor minimiert werden?

So wie es Börsen für Finanzprodukte gibt, so gibt es P2P-Marktplätze in Form von P2P Plattformen für Privatkredite. Die Vergabe der Kredite erfolgt ausschließlich online über einen P2P-Anbieter. Dort melden sich Kreditnehmer und -geber an und erstellen ein Online-Account, ähnlich wie bei der Einrichtung eines E-Mail-Accounts. Es gibt mittlerweile sehr viele P2P-Plattformen. Bekannte deutsche P2P-Anbieter wie z.B. Auxmoney, Lendico oder Smava konkurrieren mit ausländischen Plattformen wie beispielsweise Bondora, Mintos oder Twino. Ob man sich für eine inländische- oder ausländische Plattform entscheidet, hängt in erster Linie vom persönlichen Gefühl ab. Fühlst Du Dich generell unwohl bei Auslandsinvestitionen, dann investiere dort nicht. Keine Investition sollte mit Magenschmerzen getätigt werden.

Warum überhaupt Kapital in P2P-Kredite anlegen? Zuerst ist es wichtig, dass nie die Diversifizierung und somit das

Risikomanagement vergessen wird. Alle Anlagen sollten immer möglichst breit aufgestellt und gestreut sein. Eine gute Möglichkeit dafür, bieten die P2P-Kredite. Ein weiterer Grund um hier zu investieren, ist die Möglichkeit die Kreditvergabe automatisiert ablaufen zu lassen. Der Kreditgeber hat innerhalb der Plattform die Option sein System einmalig einzurichten und es dann automatisiert arbeiten zu lassen. Tilgungs- und Zinszahlungen gehen auf dem eigenen Konto ein und werden, sofern es nach den persönlichen Wünschen und Vorgaben eingerichtet ist, gleich wieder in neue Kredite reinvestiert.

Dafür wird im P2P-Portfolio die Funktion 'Auto-Invest' aktiviert. Mit der Auto-Invest-Funktion werden bestimmte Punkte wie Länder, Währung, Liquidität des Kreditnehmers, Laufzeit, Kreditausfallrisiko und weitere Kredit-Attribute festgelegt und danach als eine Art Autopilot aktiviert. Immer wenn jetzt ein neuer Kredit zu vergeben ist, der auf die Einstellungen des Auto-Investors passt, legt dieser automatisch eine vordefinierte Summe an. Dabei kann auch ein Limit eingeben oder der Autopilot auch wieder gestoppt werden, um Kredite manuell zu bedienen. Du solltest aber mit Autopilot fliegen, nur gelegentlich einen Kontrollblick auf das eingerichtete System werfen und ansonsten das Geld mit Zinseszins die Arbeit erledigen lassen. Denn nur wenn die Zeit vom Geld abgekoppelt wird, kann passives Einkommen fließen. Das war die Sache mit dem Unternehmer und dem Selbstständigen.

Der dritte Grund hier zu investieren ist, dass durch die automatisierte Wiederanlage der Zinsen, von Anfang an der Zinseszinseffekt wirkt. Auf keinen Fall solltest Du jetzt aber all Dein Erspartes in P2P-Anlagen stecken. Erinnern wir uns an die Asset Allocation. P2P sollte dabei nur ein kleines

Tortenstück und nicht die ganze Torte sein. Das Geschwisterpaar Risiko und Rendite ist auch bei P2P immer gemeinsam vor Ort vertreten. Die größte Gefahr beim P2P-Investing dürfte das Ausfallrisiko der P2P-Plattform selbst sein. Was geschieht, wenn der P2P-Anbieter pleite geht oder er alle Einzahlungen der Kreditgeber einsammelt und das Weite sucht? Bisher hat es so einen Fall zum Glück noch nicht gegeben aber es stets im Hinterkopf zu behalten ist wichtig. Für das eingegangene Risiko sprechen aber die guten Aussichten auf Rendite, welche bei meinen beiden Anbietern zur Zeit bei etwas über 8% liegt. Beide Anbieter? Warum zwei Anbieter oder mehr? Ganz einfach, damit wird dem Ausfallrisiko der P2P-Plattform entgegengewirkt. Die Wahrscheinlichkeit, dass zwei unterschiedliche Anbieter gleichzeitig Insolvenz anmelden, ist geringer als wenn das ganze Kapital bei nur einer P2P-Plattform angelegt ist. Im schlimmsten Fall wären zwar 50% Verlust realisiert, aber die Hälfte des Geldes wäre eben doch noch greifbar.

Der vierte Grund ist, es können bereits kleine Summen in einen Kredit investiert werden. Alle Mitglieder der P2P-Plattform, können sich mit kleinen Beträgen an einem einzigen Kredit beteiligen. Ist die volle Höhe des Kredits durch die Summe aller Einzahlungen erreicht und somit abgedeckt, kann das Darlehen vergeben werden.

Wie lässt sich der richtige P2P-Anbieter finden und gibt es nennenswerte Unterschiede? Um das heraus zu bekommen, müssen die Konditionen miteinander verglichen und mit den persönlichen Prioritäten verbunden werden. Entscheide eigenverantwortlich, welche Punkte individuell wichtig sind. Die Anbieter unterscheiden sich grundlegend schon einmal in der Höhe des Betrages für die Mindestanlage. Dieser kann zwischen 25 Euro und 250 Euro pro Kredit liegen. Bei der nächsten Plattform gibt es z.B. eine Rückkaufgarantie, falls der Kreditnehmer mit seinen monatlichen Zahlungen in Verzug geraten ist. Der komplette Kredit wird in so einem Fall durch den P2P-Anbieter vom Kreditgeber zurückgekauft und die investierte Summe dem eigenen Konto gutgeschrieben. Ein weiterer Punkt ist eine Anlagegebühr, die beim Anlegen gezahlt werden muss. Sie hängt bei einigen Portalen prozentual von der investierten Anlagesumme ab, bei anderen gibt es überhaupt keine Gebühren. Dafür zwackt sich der Anbieter ein paar Zinspunkte im Vorfeld ab, was auch völlig in Ordnung ist, da er die komplette Infrastruktur für das System stellt. Wiederum andere bieten nur einen Zugang zu ihrer Plattform, wenn vorher bei einer bestimmten Bank ein Konto für zukünftige Kreditsummen eröffnet wurde.

Teilweise fällt eine Überweisungsgebühr an, wenn Geld von der Plattform zurück auf das eigene Girokonto überwiesen werden soll. Bei deutschen Portalen stellt man fest, dass die Renditen im Durchschnitt kleiner sind als bei den Ausländischen. Auch ist es bei einigen nötig, ein Postident-Verfahren durchzuführen. Beim Postident-Verfahren gehst Du mit Deinem Personalausweis zum nächsten Postamt und weist Dich als die Person aus, die Du auch wirklich bist. Der Postbeamte prüft den Ausweis und bestätigt dann schriftlich die Richtigkeit. Ausländischen Vermittlern reicht oft eine Kopie des Personalausweises als Anhang in einer E-Mail zur Account-Eröffnung aus. Viele Unterschiede sind zu vergleichen und nur Du kannst für Dich entscheiden, was für Deine Zwecke der richtige Anbieter sein soll. Meine ganz persönliche Wahl fiel hier auf die beiden Anbieter 'Twino' und 'Mintos'. Für die Registrierung musste kein Post-Ident-Verfahren durchgeführt werden und beide nehmen zum aktuellen Zeitpunkt (2018) keinerlei Gebühren für die Kreditvergabe.

Müssen Steuern auf die erhaltenen Zinsen abgeführt werden? Ja, unbedingt. Dafür muss zwingend am Ende des Jahres, mit der Einkommensteuererklärung die Anlage 'KAP' (Einkünfte aus Kapitalvermögen) ausgefüllt werden. Kommen die Zinsen von einer deutschen Plattform, wird in Zeile 14 (Inländische Kapitalerträge) die Summe aller Zinsbeträge vom 01.01. bis 31.12. eingetragen. Bei ausländischen Einnahmen wird die Zeile 15 (Ausländische Kapitalerträge) verwendet. Die Zinsdaten erhält man vom jeweiligen P2P-Anbieter als Download unter dem Bereich 'Kontoauszug'. Im folgenden Kapitel wird näher auf den Transfer zwischen Girokonto und P2P-Plattform eingegangen und genau erklärt, was bei der automatisierten Kreditvergabe zu beachten ist.

KAPITEL 4: INVESTIEREN MIT AUTOPILOT

VORBEREITUNGEN TREFFEN

Der beste Plan ist nichts wert, solange er nicht in die Tat umgesetzt wird. Und genau das ist jetzt das Ziel. Was muss nun konkret für den Vermögensaufbau getan werden und wie wird der Autopilot eingestellt? Die persönliche Summe X sollte sich bereits durch Umsetzungen aus diesem Buch und den daraus resultierenden Gewohnheiten herauskristallisiert haben. Ein kostenloses Girokonto wartet darauf, genutzt zu werden. Jegliche Gebühren wurden durch den Bankenwechsel hin zu einer Online-Bank minimiert oder im besten Fall sogar auf Null reduziert.

Wenn noch kein Tagesgeldkonto zur Verfügung steht, ist jetzt der richtige Zeitpunkt sich darum zu kümmern. Im nächsten Schritt wird auch ein Depot bei einem Broker benötigt, über den zukünftige Investitionen abgewickelt werden. Um sich Arbeit und Zeit zu sparen, kann ein Kreditinstitut gewählt werden, welches sowohl ein kostenloses Tagesgeldkonto als auch ein Depot beinhaltet. Beim Vergleich der Online-Banken unbedingt darauf achten, dass neben dem kostenlosen Depot und dem Tagesgeldkonto, auch die Ordergebühren niedrig gehalten sind. Vergleichsportale, Suchmaschinen oder die Internetseite der jeweiligen Bank, geben über individuelle Gebühren genaue Auskunft.

DAUER- UND FREISTELLUNGSAUFTRAG

Das Tagesgeldkonto ist angelegt und das Depot startklar. Richte jetzt einen monatlichen Dauerauftrag auf dem Girokonto mit der persönlichen Summe X ein. Der Empfänger der Zahlung bist Du mit Deinem Tagesgeldkonto. Wurde eine Bank gewählt, die sowohl Broker als auch Anbieter des Tagesgeldkontos ist, so wird das Tagesgeldkonto automatisch auch das Verrechnungskonto für alle zukünftigen Sparraten, Ordergebühren und dem Wertpapierhandel sein. Auch Dividendenzahlungen landen hier. Als nächstes bekommt der Broker eine Einzugsermächtigung erteilt. Es muss sich aber nicht sofort um eine Einzugsermächtigung gekümmert werden. Erst sobald der Broker einen Auftrag erhält, bekommt er per Mausklick das 'OK', zukünftige Gelder vom Girokonto und/oder vom Verrechnungskonto abbuchen zu lassen. Nicht vergessen werden darf aber der Freistellungsauftrag. Bis zu 801 Euro pro Jahr als Alleinstehender und bis zu 1602 Euro bei Verheirateten dürfen ja bekanntlich steuerfrei pro Jahr an Zinseinkünften einbehalten werden. Aber nur wenn der Freistellungsauftrag auch gestellt wird. Entweder gibt es den Antrag als PDF-Dokument zum Download, welcher ausgedruckt werden kann und ausgefüllt per Post zurück an den Broker geht. Oder der Antrag kann direkt in einer Bildschirmmaske ausgefüllt und elektronisch übermitteln werden.

Es geht voran. Wie viel Geld soll nun von der Summe X auf dem Tagesgeldkonto monatlich für den langfristigen Vermögensaufbau verwendet werden? Auf keinen Fall solltest Du die gesamte Summe X investieren. Außerdem ist das Guthaben auf dem Tagesgeldkonto bereits aufgebautes Vermögen. Es ist wichtig als Reserve immer liquide zu sein, ohne dass das Depot geplündert werden muss, nur um eine Rechnung bezahlen zu können. Zum einen kann der Wert der Aktie gefallen sein, so dass durch den Verkauf ein Kursverlust realisiert wird. Zum anderen fallen unnötige Gebühren beim Verkauf an. Das wäre dann Vermögensabbau, anstelle von Vermögensaufbau. Wieder hilft die Diversifizierung weiter. Die Hälfte der Summe X bleibt jeden Monat auf dem Tagesgeldkonto, zwecks ständiger Liquidität oder spontaner Investitionsmöglichkeiten. Denn es kommt durchaus vor, dass sich Gelegenheiten ergeben in ein Investment einzusteigen. Dann wäre es ungünstig, wenn überhaupt kein Kapital zum Anlegen auf dem Tagesgeldkonto zur Verfügung steht. Die Hälfte der Summe X sollte es also sein. Nehmen wir an, Du hast einen Dauerauftrag in Höhe von monatlich 100 Euro eingerichtet. Dann starten wir jetzt mit der ersten Investition in Höhe von 50 Euro.

ETF ALS WERTPAPIERSPARPLAN EINRICHTEN

Zur Einrichtung des ersten Wertpapiersparplans, ist es nötig sich in seinen persönlichen Bereich des Depots einzuloggen. Unter dem Punkt 'Geldanlage' findet sich die Option 'Wertpapiersparplan einrichten'. Die genauen Menübezeichnungen können natürlich von Bank zu Bank abweichen. Es ist also durchaus möglich, dass bei Bank A der Sparplan unter 'Geldanlage' und bei Bank B direkt ein Hauptmenü mit dem Thema 'Sparplan' auftaucht. Ist der betreffende Punkt gefunden, klicken wir auf 'Wertpapiersparplan einrichten'. Zuerst wird die

Gesamtsparrate festgelegt, die monatlich vom Verrechnungskonto abgebucht und investiert werden soll. In diesem Fall ist das die Hälfte unserer Summe X. Weiter geht es mit der Auswahl des Wertpapiers, welches bespart werden soll. Dafür kann die WKN oder die ISIN des Papiers in das Suchfeld eingetragen werden. Welches darf es denn sein?

Da wir risikoarm und möglichst kostengünstig investieren möchten, kommen an dieser Stelle ETFs in Frage, die folgende Merkmale aufweisen:

breite Streuung (z.B. MSCI World)
niedrige TER (Total Expense Ratio)
vollständige Replikation (physische Abbildung)
in Deutschland zugelassen
Fondsvermögen von mindestens 1 Milliarde Euro

Ob thesaurierend oder ausschüttend ist hier Geschmackssache. Ich persönlich erfreue mich gerne an ausgeschütteten Dividenden. Bei den strengen o.g. Auswahlkriterien, bleibt auch nur folgender halbjährlich ausschüttender ETF übrig:

UBS ETF (LU) MSCI World UCITS ETF (USD) A-dis	ISIN: LU0340285161

Ein fieser Name aber zum Glück gibt es auch immer die passende ISIN dazu. Dieser ETF hat eine TER in Höhe von 0,3% pro Jahr und eine Fondsgrösse von über 1,1 Milliarden

Euro. Für unser Vorhaben scheint er demnach genau richtig zu sein. Ist er aber ausgerechnet zum jetzigen Zeitpunkt als Aktions-ETF kostenlos zu haben? Das können wir vorab über die 'Wertpapier-Suche' unseres Depots herausfinden. Im Suchfeld kann nun die ISIN eingetragen werden. Der zugehörige ETF wird jetzt angezeigt, mit der nebenstehenden Bemerkung wie hoch die monatlichen Gebühr auf die Sparsumme ist. Steht als Vermerk 'Aktion' oder 'Gebühr=0', darf sich gefreut werden.

Was aber kann man tun, wenn das gewünschte Wertpapier nicht als kostenlose Sparaktion zur Verfügung steht? Innerhalb der Suche unter 'ETF-Kategorien', wird die Auswahloption 'Top-Preis-ETF' oder 'Aktion' gewählt werden. Dadurch werden alle Angebote aufgelistet, die aktuell kostenlos angeboten werden. In aller Ruhe kann die Liste nun durchgesehen werden. Um nähere Informationen über den einzelnen ETF zu erhalten, einfach direkt auf den Namen des ETFs klicken. Es erscheinen nähere Details zum Finanzprodukt. Wem die angezeigte Auswahl zu groß und unübersichtlich ist, der bekommt im folgenden noch eine weitere Aufstellung weltweit investierender ETFs zur Hand. Hier lauten die nicht ganz so strengen Richtlinien wie folgt:

breite Streuung (z.B. MSCI World)
niedrige TER (Total Expense Ratio)
Sampling oder Swap-basierte Replikation
in Deutschland zugelassen
Fondsvermögen von mindestens 500 Millionen Euro

Die passenden ETFs dazu heißen:

Amundi ETF MSCI World UCITS ETF EUR	ISIN: FR0010756098
ComStage MSCI World TRN UCITS ETF	ISIN: LU0392494562
db x-trackers MSCI World Index UCITS ETF (DR) 1 C	ISIN: IE00BJ0KDQ92
db x-trackers MSCI World Index UCITS ETF 1 C	ISIN: LU0274208692
iShares Core MSCI World UCITS ETF USD (Acc)	ISIN: IE00B4L5Y983
iShares MSCI World UCITS ETF (Dist)	ISIN: IE00B0M62Q58
Lyxor MSCI World UCITS ETF D-EUR	ISIN: FR0010315770
Source MSCI World UCITS ETF A	ISIN: IE00B60SX394

Wer sich selbst die Mühe machen will und ETFs im Detail vergleichen bzw. genau unter die Lupe nehmen möchte, dem sei die Internetseite von 'justetf.com' ans Herz gelegt. Dort lassen sich die ETFs kinderleicht miteinander vergleichen. Ich selbst bin noch in Europa (iShares EURO STOXX Select Divid 30 UCITS ETF (DE)) und in Deutschland (iShares DivDax UCITS ETF (DE) (ISIN=DE0002635273)) investiert. Beide Indexfonds sind ausschüttende Dividendenzahler. Für eine ausreichende Diversifizierung ist damit gesorgt. Sich zu viele Produkte in sein Depot zu legen, kann aber auch ein

Nachteil sein. Denn irgendwann kommt vielleicht der Tag, an dem Wertpapiere auch wieder verkauft werden sollen. Dann ist für jedes verkaufte Papier wieder mal die Ordergebühr fällig. Durch die Wahl eines ETFs hat man sein Anlagerisiko bereits ausreichend gestreut. Nämlich schon alleine dadurch, dass sich viele unterschiedliche Asset-Klassen innerhalb des ETFs befinden.

Ist die passende ISIN zum gewünschten Produkt ausfindig gemacht, trägt man diese ein und klickt auf weiter. Gebühren, Kosten oder Aktionen werden jetzt nochmals aufgelistet. Nun wird noch ein Dynamisierungssatz in Prozent angeboten. Dort wird eingestellt, ob nach jedem Sparjahr, die zu investierende Summe automatisch um den jeweiligen Prozentsatz erhöht werden soll. Das kann zum Ausgleich der Inflation sinnvoll sein, ist aber keinesfalls notwendig. Ich ändere alle Sparpläne lieber händisch bzw. gar nicht und habe daher nie eine Dynamisierung vorgenommen. Nach akzeptieren der allgemeinen Geschäftsbedingungen, geht es weiter mit dem Kaufintervall (monatlich, vierteljährig oder sonstige Auswahl). Es folgt das Kaufdatum, ab wann der Sparplan beginnen soll. Zum Schluss wird noch nach der Bankverbindung gefragt, von welchem Konto die Sparrate abgebucht werden soll. Nach Bestätigung und einer Zusammenfassung aller getätigten Schritte, ist die Arbeit getan und man kann sich zufrieden zurücklehnen.

Nun heißt es: Finger weg vom Depot und den ETF wachsen lassen. Bei einem ausschüttenden Indexfonds kann man sich schon bald an der ersten Dividendenzahlung erfreuen, die im Regelfall von Jahr zu Jahr steigen wird. Wieso steigen? Dividenden werden pro Aktienanteil gezahlt. Durch den angelegten Sparplan, erhältst Du Monat für Monat neue Anteile dazu. Herzlichen Glückwunsch, dass Du diesen Weg auf Dich genommen hast und wirklich ans Umsetzen gekommen bist. Die Wenigsten sind dazu in der Lage...

INVESTIEREN IN P2P-KREDITE

Auch bei den P2P-Plattformen haben wir uns jetzt für einen Anbieter (oder mehrere?) entschieden und einen eigenen Account eingerichtet. 50 Prozent der monatlich ersparten Summe X befindet sich bereits als Anlage in einem ETF-Wertpapiersparplan. Wie sollen nun die restlichen 50 Prozent verwendet werden? Meine Empfehlung wäre auch hier wieder, den goldenen Mittelweg zu gehen. So sind wir in Wertpapieren investiert, behalten Liquidität durch das kontinuierliche Ansparen des Tagesgeldkontos und steigen jetzt mit den verbleibenden 25 Prozent in den Kreditmarkt ein. Kurze Veranschaulichung in Zahlen: 100 Euro beträgt die monatliche Summe X. 50 Euro davon befinden sich als Anlage im Wertpapiersparplan. 25 Euro verbleiben zwecks Liquidität auf dem Tagesgeldkonto und die restlichen 25 Euro wandern jetzt als neuer Dauerauftrag, monatlich auf das Konto des gewählten P2P-Anbieters. Nach der Anmeldung bei einer P2P-Plattform, erhält man eine Kunden-Nummer (Investoren-Nummer). Diese Nummer gibst Du bei Einrichtung des Dauerauftrags als Verwendungszweck an. Damit ist sichergestellt, dass sich die Einzahlungen dem richtigen P2P-Kontoinhaber zuordnen lassen.

Ist das Geld auf dem P2P-Konto angekommen, wird die 'Auto-Invest'-Funktion eingerichtet. Eingeloggt wählt man über das Menü 'Auto Invest' den Punkt 'Neues Auto-Invest-Portfolio anlegen' aus und gibt dem Portfolio einen beliebigen Namen. Nun muss dem 'Auto-Invest' mitgeteilt werden, in welche Art von Krediten er in Zukunft überhaupt investieren soll. Zur Auswahl stehen z.B. Verbraucherkredite, Hypotheken, Pfandkredite, Autokredite und Darlehen mit einer kurzen Laufzeit. Ich selbst habe mich nur für Kredite mit einer kurzen

Laufzeit entschieden. Das hat den Vorteil, dass man nach spätestens 1 bis 3 Monaten, wieder über das eigene Kapital verfügen kann, falls man es aus unvorhersehbaren Gründen benötigen sollte. Natürlich können aber auch die übrigen Kreditarten gewählt werden. Dadurch ist das eigene Kapital aber auch länger in genau diesen Krediten gebunden und eben nicht kurzfristig liquidierbar.

Weiter geht es mit den Kreditnehmerländern. Sollen aus irgendwelchen Gründen bestimmte Länder nicht bedient werden, so steht eine Funktion zur An- und Abwahl zur Verfügung. Der aber mit Abstand wichtigste Punkt überhaupt, ist der Zusatz einer Rückkaufgarantie. Ich vergebe zum größten Teil Kredite, die mit einer Rückkaufgarantie angeboten werden. Falls ein Kredit nicht vom Kreditnehmer zurückgezahlt werden kann, kauft der P2P-Anbieter diesen Kredit vom Schuldner zurück. Meist werden Dir entgangene Zinszahlungen plus Strafzinsen neben der gesamten Tilgungssumme gutgeschrieben. Es handelt sich dabei also um eine Art Versicherung. Finanziert wird diese durch alle teilnehmenden Investoren, die durch einen Teil ihrer Rendite in einen großen Topf einzahlen, aus denen im Fall der Fälle geschädigte Investoren entschädigt werden.

Weiter geht es mit dem gewünschten Zinssatz. Dieser kann vom Investor über einen gewünschten Mindestzins vorgegeben werden und auf Wunsch nach oben gedeckelt sein. Aus Gründen der Diversifikation können und sollten wir die Summe pro vergebenen Kredit ebenfalls limitieren. Die Funktion dafür heißt 'Investition pro Darlehen'. Bei mir gehen nie mehr als 15 Euro in den gleichen Kredit. Bei tausend vergebenen Krediten fällt es deshalb so gut wie nicht ins Gewicht, wenn das eine oder andere Darlehen ohne entsprechende Absicherung ausfällt. Ist hingegen die komplette Summe in nur einem einzigen Kredit untergebracht, könntest Du schlagartig ein großes Problem haben.

Besonders wichtig ist es, die Größe des Portfolios richtig einzustellen. Diese Einstellung besagt folgendes: Wenn eine bestimmte Summe durch Zinseinnahmen erreicht ist, wird nicht mehr investiert! Da wir aber automatisch nach oben hin offen reinvestieren möchten, sollte hier eine wirklich ausreichend große Zahl angegeben sein. Ansonsten vermehrt sich Dein Geld nicht und liegt als totes Kapital auf dem P2P-Konto herum. Zu guter Letzt werden alle Einstellungen übernommen und der Autopilot mit einem Klick auf 'speichern und starten' aktiviert. Noch ein kurzer Kontrollblick, ob der Autoinvestor auch wirklich aktiv ist und Du bist endlich fertig. Per E-Mail kann man kostenlos eine tägliche Kontoübersicht vom P2P-Anbieter erhalten. Darin wird über die getätigten Investitionen des 'Auto-Investors' informiert. Alles was noch zu tun bleibt, ist abzuwarten und die zukünftigen Früchte der investierten Zeit und Arbeit zu ernten. Jetzt hast Du es Dir verdient…

DANKBAR SEIN

Erfolgreich und vermögend? Bekannte Personen wie Mark Zuckerberg (Facebook), Bill Gates (Microsoft), Warren Buffett (Börsen Guru), Pierre Omidyar (Ebay), Michael Bloomberg (Bloomberg), Philip Knight (Nike) oder auch der deutsche Unternehmer Michael Otto spenden einen Teil ihres Vermögens und geben damit der Gesellschaft etwas zurück. Ist Dein Vermögensaufbau erfolgreich verlaufen? Du musst kein Millionär sein, um die Welt ein kleines bisschen besser zu machen.

Ich hoffe sehr, dass ich Dir mit diesem Buch eine kleine Hilfe zur Hand geben konnte, um langfristig ein Vermögen aufzubauen. Meine Kinder Carolin und Nico werden hoffentlich in naher Zukunft genauso von diesem Buch profitieren können, wie Du. Ein besonderer Dank gilt meiner Frau Melanie, die mich immer und überall beim Schreiben unterstützt hat.

Viele Abschnitte in diesem Buch wurden in unterschiedlichen Ländern wie Dänemark, Spanien, Frankreich, Italien und natürlich auch in Deutschland, immer im Beisein meiner Liebsten, geschrieben. Und auch Dir möchte ich danken, dass Du dieses Buch bis hier gelesen hast und wünsche Dir viel Erfolg bei Deinem weiteren Vermögensaufbau.

Sascha Clamer

RECHTLICHES

Da ich kein Anlageberater oder Versicherungsmakler bin, sind alle in diesem Buch angegebenen Themen, keine Anlageempfehlungen sondern geben nur meine persönlichen Meinungen, Erfahrungen, Ergebnisse eigener Recherchen und Systemanalyse wieder. Investieren in Wertpapiere oder in P2P-Kredite kann zum Totalverlust des eingesetzten Kapitals führen.

www.ingramcontent.com/pod-product-compliance
Lightning Source LLC
Chambersburg PA
CBHW050110230526
45470CB00004B/1767